KB040096

내 삶에 힘이 되는
멘토의 한마디

내 삶에 힘이 되는 **멘토의 한마디**

초판 1쇄 발행 2023년 3월 25일

지은이 김달국
편집인 옥기종
발행인 송현옥
펴낸곳 도서출판 더블:엔
출판등록 2011년 3월 16일 제2011-000014호

주소 서울시 강서구 마곡서1로 132, 301-901
전화 070_4306_9802 **팩스** 0505_137_7474
이메일 double_en@naver.com

ISBN 979-11-91382-20-4 (03320)

※ 이 책은 저작권법에 따라 보호받는 저작물이므로 무단전재와 무단복제를
　금지합니다.
※ 잘못된 책은 바꾸어 드립니다.
※ 책값은 뒤표지에 있습니다.

내 삶에 힘이 되는
멘토의 한마디

김달국 지음

구 본 형 사 부 와 나 눈 인 생 대 화 1 9 5

구본형
10주기
추모집

더블:엔

스승과 제자가 전하는 멘토의 문장들

아빠 구본형을 사랑하는 둘째 딸
구 해 언

살면서 좋은 멘토를 곁에 두는 것은 중요한 일입니다. 우리 앞의 생은 수많은 선택지로 가득 차 있고, 그 모든 결정들을 현명하게 해내기란 어렵기 때문입니다. 그럴 때 고민을 털어놓고 영감을 받을 수 있는 존재가 있다면 마음의 위안도 얻고 좋은 선택을 내리기 위한 전력으로 삼을 수 있습니다.

그러나 한정된 일상의 범위 내에서 좋은 멘토를 만나는 건 운이 따라줘야 하는 일입니다. 삶이 던지는 질문들은 쉽게 답하기 어려운 것들이 많고, 타이밍에 맞게 필요한 멘토를 만날 확률도 매우 낮으니까요. 저를 포함하여 이 어려움과 멘토에 대한 갈증을 잘 알고 있는 분들은《내 삶에 힘이 되는 멘토의 한마디》를 읽으면서 큰 도

4

움을 얻으실 수 있을 것입니다.

책은 삶에서 제외할 수 없는 핵심 단어들로 가득합니다. 저자는 이 삶에 밀접한 가치들을 자신의 삶 속에서 다뤘던 과정을 담았고, 자신의 삶과 스승의 책들을 연결하며 독자들이 스스로를 대면할 수 있게 도와줍니다. 챕터별 주제에 맞게 스승과 제자는 각각 글과 삶으로 독자들을 깊은 속마음으로 인도하고 주어진 질문에 용기로 맞서게 만들어줍니다.

저는 이 책이 가진 몇 가지 특징이 좋습니다.

우선 책이 어렵지 않습니다. 저자 본인이 웃음 금수저인 분이라 글이 재밌습니다. 또 저자는 스스로 고민했던 것들에 대해 솔직하게 이야기하는 사람입니다. 일반적으로 작가는 예전의 미진했던 자기 과거를 글로 남길 때는 조금 부끄러운 마음이 들기 마련인데, 그의 글은 그런 부끄러움 앞에서도 참 솔직합니다. 읽다 보면 친구의 독서노트를 읽는 것 같기도 하고, 중고책을 읽다가 필력 좋은 전 주인의 메모에 빠져들어 예상치 못한 재미를 발견한 것 같은 기분이 들기도 합니다.

두 번째로 책의 구성이 나에게 필요한 것을 잘 골라 읽을 수 있게 만들어져 있습니다. 이 책은 저자의 스승이 쓴 열여덟 권의 책에서 가슴을 무찔러 들어오는 문장들을 모아둔 것입니다. 내가 고민하고 있는 주제에 따라 필요한 내용들을 읽을 수 있다는 것이 좋았습니다. 멘토의 글은 반복해서 읽는 것이 핵심인데, 이를 위한 수집과 정리가 깔끔하게 되어 있어 든든했습니다. 이 책에서 몇 가지 문장이 마음에 들어온다면, 그 문장들이 담긴 원본 책을 읽어보는 일도 생길 것입니다. 그러면 마음에 드는 책 한 권을 더하는 즐거움이 늘어날 것입니다.

마지막으로, 이 책은 현시대에 더 가까운 글로 다가옵니다. 아버지의 첫 책은 1998년에 출간되었고, 아버지는 2013년에 소천했습니다. 그의 저서들은 여전히 깊게 마음을 울리지만, 글이 쓰였을 때와 지금의 현실이 조금 달라진 것들도 있습니다. 그런 면에서 저자가 오래된 책에서 세월의 흐름을 걷어내고 좋은 문장들을 길어올려, 저자 자신의 삶을 통해 재해석한 이 책이 갖는 의미는 각별하다고 할 수 있겠습니다.

아버지를 잘 알고 있던 분들에게도 이 책은 큰 의미가 있을 것입니다. 아버지의 10주기에 이 책이 나와 더 많은 사람들의 마음에 아버지의 문장이 다가갈 수 있다면 큰 의미가 있다고 생각합니다. 특히 딸로서 아버지를 기억해주는 책이 나온 것에 깊은 감사를 느낍니다. 딸은 알 수 없는 아버지의 모습들을 알 수 있게 되기 때문입니다. 그뿐만 아니라 변화경영연구소 꿈벗 후배이자 독자로서,

제가 좋아하는 책들과 연결된 어당팔 저자의 모습들을 엿볼 수 있어 더욱 정겹게 느껴졌습니다. 저자는 꿈벗 1기부터 아버지와 오랜 시간 함께해왔기 때문에 이 책이 나온 것을 아시면 아빠도 행복하실 거라고 생각합니다.

구본형의 책들을 여러 번 읽고, 그의 글을 좋아하는 저자에게는 책에 다 담지 못해 아쉬운 문장들도 많았을 거라고 생각합니다. 이 책을 통해 구본형의 저서를 다시 찾고 좋은 멘토를 마음속에 들이는 사람들이 늘어난다면 그것으로 큰 의미가 있을 것이라고 생각합니다. 또 저자가 운영하고 있는 꿈벗 여행을 통해 저자를 만나고 싶어 하는 사람들이 많아진다면 정말 즐거울 것입니다.

변화경영연구소의 꿈벗, 연구원이라면 꼭 해야 할 과제 중 10대 풍광이 있습니다. 10년 뒤의 자신이 되었다고 상상한 뒤, 지난 10년간 일어났던 가장 멋진 장면 열 가지를 떠올리는 과제입니다. 이 책을 읽으면서 심장을 뛰게 만드는 자신의 멋진 풍광을 몇 가지라도 꼭 적어보시길 바랍니다. 그리고 계속 마음속에 멋진 장면들을 품고 지내다 보면 어느 사이 실제가 되어 있을 것입니다. 아름다운 풍광을 만나기까지의 여정에 이 책은 좋은 길잡이로서 영감을 주는 역할을 충실하게 해낼 것입니다. 아름다운 책과 삶, 그것은 멀리 떨어져 있는 것이 아니니까요.

한 권의 책이 사람을 바꾸기도 하고, 한 사람과의 만남이 운명을 바꾸기도 한다. 책과 사람을 함께 만나면 사람의 운명이 어떻게 바뀔 수 있을까?

외환위기를 겪을 무렵 '구본형 변화경영연구소장'이라는 낯선 직함을 가진 저자의 첫 책인《익숙한 것과의 결별》을 읽었다. 불혹의 나이에 접어드는 내가 중대결단을 내린 결정적인 계기가 되었다. 그 후 조직의 울타리를 벗어나 정글의 법칙을 익히는 데 저자 구본형은 내 인생의 멘토가 되었다.

완전히 바뀐 무대에서 나는 값비싼 대가를 치르며 삶의 지혜를 배워나갔다. 책 속에서 길을 찾으려고 매년 100권 이상의 책을 읽었지만 한계가 있었다. 그 무렵 사부도 책과 강의로 사람이 변하는 데는 한계가 있다는 것을 느끼고 '나를 찾아 떠나는 여행'이라는 프로그램을 만들었다. 자신의 모습대로 살고 싶은 사람들을 대상으로 하여 '가장 잘 할 수 있고 가장 하고 싶은 일을 찾고, 내 안에 있는 욕망과 기질을 발견하여 어제보다 더 아름답게 살아가도록 도와주는' 것이었다. 제자들은 이것을 '꿈 프로그램'이라 불렀다.

나는 맨 먼저 등록했다. 사부와 함께 시간을 보내며 책으로는 미처 느끼지 못한 인간적인 면모와 지행합일의 모습을 보았다.

나의 꿈 중 하나는 10년 안에 10권의 책을 쓰는 것이었다. 퇴사는 작가가 되기 위한 것은 아니었다. 회사라는 울타리를 벗어나서 '나다운 일, 내가 잘 하는 일'을 하면서 자유롭게 살고 싶었다. 글로벌 기업에서 인정받았으니 울타리를 벗어나도 잘 할 수 있을 것 같았다. 하지만 현실의 벽은 생각보다 높았다. 그보다 더 넘기 어려운 것이 나 자신을 알고 다스리는 것이었다.

나는 많은 시행착오를 겪으면서 다시 시작해야 했다. 나답게 사는 법을 배우고 사람과 세상을 공부하면서 사부가 하는 것처럼 매년 한 권의 책을 썼다. 저술은 학습의 결과물이지 목적은 아니었다.

준비 없이 거친 세계로 몸을 던져 힘든 후반전 인생을 살아가면서 사부의 존재는 나침반과 등대였다. 사부의 책이 18권이 될 무렵 청천벽력같은 소식을 들었다. 병이 위중하다는 것이었다.

환갑을 1년 남겨둔 안타까운 나이, 기적은 일어나지 않았다.

갑자기 칠흑같은 밤이 되었다. 6개월 동안 아무것도 할 수 없었다. 단 한 줄도 쓰지 못했다. 부처님이 열반하면서 하신 말씀 '자등명법등명(自燈明法燈明)'을 위안 삼아 겨우 일어설 수 있었다. 스스로 마음속의 빛을 찾을 수밖에 없었다.

사부가 돌아가신 지도 어언 10년이 되었다. 그를 알고 책과 여행을 통해 배운 시간을 합치면 25년이란 시간이 흘렀다. 책으로 많이 배웠고 대화로 더 큰 것을 느꼈다. 그동안 배우고 느낀 것을 실천하면서 나답게 살았고 나만의 새벽 두 시간을 꾸준하게 가져 꿈을 이루었다.

이제 사부에게서 배운 것을 세상에 돌려주어야 할 때가 되었다. 이 책은 사부의 책 중에서 핵심적인 내용을 골라 10개의 주제로 재분류한 후, 각 주제별로 20개 정도의 꼭지로 사부의 책 내용과 그에 부합하는 나의 생각과 경험으로 다시 채색한 것이다. 더 울림이 큰 사부의 글이 많지만 지면상 다 싣지 못하여 아쉬움이 크다.

책을 쓰면서 화호유구(畵虎類狗)라는 말이 맴돌았다. 사부의 사상을 한 권으로 집약하여 어제보다 더 아름답게 살고 싶은 사람들에게 작은 도움이 되고 싶은 마음으로 썼지만, 호랑이를 그리려다 개를 그린 결과가 되지 않을까 걱정이 앞선다.

"보통의 선생은 그저 말을 하고, 좋은 선생은 설명을 하고, 훌륭한 선생은 스스로 모범을 보이고, 위대한 스승은 영감을 준다. 스승을 가장 욕보이는 제자는 스승의 그늘에서 벗어나지 못하는 것이며, 스승을 가장 기쁘게 하는 제자는 스승을 뛰어넘어 스승의 이름을 빛내는 사람이다."

언젠가 사부가 한 말이다. 그는 훌륭한 선생을 넘어 위대한 스승이었다. 나는 스승을 뛰어넘어 스승을 기쁘게 하고 싶지만 청출어람은 되지 못한 것 같다.

사부님의 영전에 이 책을 바치고 싶다. 긴 세월 변함없이 뚜벅뚜벅 걸어가는 나의 모습을 보면 어깨를 두드려주실 것 같다.

그리고, 사부를 잘 아는 애독자에게는 10년 만에 그를 다시 만나는, 그를 잘 모르는 독자에게는 인생의 스승을 한 번 만나볼 수 있는 기회가 되기를 바란다.

사부가 늘 그랬듯이 이 책이 어제보다 아름다워지려는 사람을 도울 수 있길 바라면서 이 책을 세상에 보낸다.

2023년 3월

김달국

차 례

들어가는 글   스승과 제자가 전하는 멘토의 문장들 : 구해언   **4**

프롤로그   **8**

01 관계

좋은 관계   좋은 사람_ 내가 돋보인다면_ 상대를 먼저 세워라_ 세상   **20**
과의 거리_ 마음을 잃으면 다 잃는다

소통의 기술   잘 말하는 법_ 상대에 따라 달리 말하는 법_ 나를 기쁘게   **25**
하는 것_ 나에게 맞는 방식으로_ 남녀의 대화법_ 남자가
질문하지 않는 이유

칭찬과 겸손   사람의 마음을 편하게 하는 법_ 칭찬의 힘_ 은근하게 나를   **32**
표현하라_ 진정한 겸손

부부 관계   결혼은 관계야_ 여자를 속일 생각 마라_ 부부싸움은 필요   **38**
악_ 함께 추는 춤_ 사랑은 변한다_ 사랑과 집착

상사와의 관계   상사를 먼저 이해해야_ 주연을 빛나게 하는 조연_ 상사에   **45**
게 하는 직언_ 상사 역시 유약한 사람이다_ 이상적인 관계

02 행복

유머의 힘	유머 책_ 유머의 힘_ 늘 진지한 사람_ 나는 무엇을 줄 수 있나	**54**
웃음의 힘	화내는 대신 웃음으로_ 웃음은 부적이다_ 가장 좋은 화장품_ 많이 웃어라	**60**
감사하는 삶	가진 것에 감사하는 삶_ 이유 없는 행복_ 감사의 행복_ 운명과 행복_ 그날이 축제이기를_ 나를 발견하는 행복	**64**
일상 속 보석	자발적 빈곤_ 일상의 행복_ 공간의 행복_ 느낌의 행복_ 신을 만나는 장소	**71**
몰입하는 순간	몰입의 즐거움_ 몰입의 행복	**77**

03 꿈

나는 어떤 꽃일까	평범하지 않은 나의 정체_ 모두가 꽃을 피울 수 있다_ 내 꽃도 한 번은_ 사람은 모두 별이다_ 나의 길을 간다는 것	**82**
무모한 꿈	불가능한 꿈을 꾸어라_ 얕은 인생에서 깊은 인생으로_ 방랑의 재발견_ 거슬러 오른다는 것	**88**
가능한 꿈	꿈에 갇히지 마라_ 현실적인 꿈_ 시간을 돌린다 해도	**93**
보면 이루어진다	내 안의 나비를 찾아라_ 내 인생의 각본_ 마음의 눈으로 보아야	**97**
꿈을 이루려면	매일 하라_ 하루를 바꾸어라_ 미루지 않는 농부처럼_ 꿈을 위한 구체적인 노력을 하라	**100**

04 나

나 자신 그릇의 크기_ 나만의 유일함은 무엇인가_ 내가 바로 부   106
처_ 나 자신을 만나는 기쁨_ 비교 불가한 나

내가 주인이다 나의 주인은 나_ 변화의 시작은 나로부터_ 주체적인 삶   111

특별한 나의 인생 나에 대한 사랑_ 내 삶이 책이라면_ 스스로 만드는 삶_ 나   114
의 이야기_ 삶은 연극일까

나다운 삶 나의 길을 걷는다_ 나의 속도_ 나다운 삶_ 남과 다른 무언   120
가를 가졌는가

세상을 보는 태도 뜻대로 안 되어도_ 나의 눈으로 세상을 보라_ 고독을 이기   125
는 힘_ 내 안에 있는 신_ 나의 철학

05 책

왜 읽는가 잃어버린 마음을 찾기 위해_ 저자와 함께하는 여행   132

어떻게 읽을 것인가 많이 읽어라_ 자세히 읽어라_ 좋은 책을 여러 번 읽어라_   134
어떤 책을 볼 것인가

왜 쓰는가 가장 잘 배우기 위해_ 수행의 글쓰기_ 나를 위한 책쓰기_   141
내 세계를 창조하는 것

어떻게 쓸 것인가 치열해야 쓸 수 있다_ 1년에 한 권씩_ 좋은 글_ 소설을 쓰고   147
싶을 때_ 자신의 언어로 써라

창조적 글쓰기 걸으면 영감이 생긴다_ 서재는 창조적 공간_ 창조적 모   154
방_ 창의는 질문에서 나온다

책이 흔들리는 시대   책보다 폰과 가까운 시대_ 책은 돈 이상이다   159

06 변화

절실해야 변한다   불타는 갑판_ 지금 절실한가_ 꿈과 현실 사이의 거리_ 삶   164
의 균형을 잡으려는 움직임_ 오늘을 놓치면

나를 버려야 변한다   창조적 버리기_ 변화는 새로 태어나는 것_ 삶의 변곡점_   170
우연과 운명

나를 찾아 떠나는   변화는 나다워지는 것_ 청중에서 주인공으로_ 삶의 대상   175
여행   아닌 주체로_ 내가 나임을 깨닫는 것_ 화이부동

생각의 성장   변화의 시작_ 길 위에서 배운다_ 과거의 재활용_ 완벽하   181
게 맞는 곳은 없다

07 경영

경영의 원칙   돈을 따라다니지 마라_ 기업이 존재하는 이유_ 팔려고 하   188
지 마라_ 비스니스의 핵심은 인간_ 나를 만족시키는 일을
하라

리더십   진정한 리더_ 리더는 유혹하는 사람_ 부하에게도 리더십   193
이 필요하다_ 수평적 조직_ 부드러운 카리스마_ 지배하지
않는 권위

사람경영   장사꾼과 사업가_ 인간의 문제가 가장 중요하다_ 평준화   200
에서 개인화로

자기경영   셀프 리더십_ 셀프평가_ 셀프경영   204

08 시간

지금, 여기   미루면 후회한다_ 시간을 낸다는 것_ 지금, 여기에 모두   **210**
걸어라_ 지금을 경영하라

시간에 관한 철학   약속 줄이기_ 바쁘게 ≠ 열심히_ 기다림을 배워라_ 내 시   **214**
간을 쓴다는 것_ 새벽 두 시간

오늘 하루   오늘을 그냥 보내지 마라_ 오늘이 마지막일 수도_ 내일 죽   **220**
을 것처럼_ 사랑할 수 있을 때까지 사랑하라

여유   마음의 여유_ 휴식은 선물   **225**

09 일

좋아하는 일   좋아하는 일을 하다 죽을 것_ 쏘시개 불꽃_ 좋아하면 몰입   **230**
하게 된다

잘 하는 일   나는 무엇을 잘 할 수 있는가_ 내 일을 잘 해내는 능력_ 나   **233**
의 필살기_ 내 기준으로 선택한다

좋아하고 잘 하는 일   진정 바라는 일_ 소명의식_ 잘 하고 싶은 일_ 좋은 직업   **238**

일에 대한 태도   새로운 시선_ 어찌 즐겁기만 할까_ 일과 부가가치_ 내 일   **242**
을 예술처럼_ 프랜차이즈의 함정_ 삶에서 일이란_ 유망직
종은 없다

10 성장

집중과 열정　　　강점에 투자하라_ 내 안의 재능_ 받은 것에 집중하라_ 가　　**252**
　　　　　　　　　　슴 아픈 이야기_ 매일 하라

우리를 성장하게　　철학_ 고독_ 언어_ 불완전함_ 도전_ 운명같은 기회　　**259**
하는 것

질문의 힘　　　　　질문의 수준_ 시인의 시선_ 질문 없는 사회　　　　　**266**

성장의 아름다움　　나만의 씨앗_ 자신의 매력_ 허물을 벗는다는 것_ 평생 공　　**271**
　　　　　　　　　　부

에필로그　　　　　　　　　　　　　　　　　　　　　　　　　　**276**

관 계

0 1

인간은 사회적 동물이다. 혼자서 할 수 있는 것은 거의 없다.

의미 있는 일들은 관계 속에서 이루어진다.

사람은 저마다 생각이 다르고 이기적이다.

이타적인 행위도 근원은 이기심이다.

생각이 다르고 이기적인 인간들이 모이면 부딪치고 갈등이 생기기 마련이다.

학교에서도 가르쳐주지 않는 인간관계는 스스로 배우고 익혀야 한다.

인간관계는 사회적인 성공뿐만 아니라 행복과 건강에도 영향을 준다.

좋은 관계 ¶ 소통의 기술 ¶ 칭찬과 겸손
부부 관계 ¶ 상사와의 관계

로버트 월딩거 하버드대 정신의학과 교수는
"인간관계는 몸과 마음 모두에 강력한 영향을 준다."고 했다.
혼자서 행복한 사람은 없다.
수도승도 관계가 나쁘면 살아가기 힘들 것이다.
성공적인 삶을 위해서는 관계에 대한 공부가 필요하다.
나 자신을 지키면서 상대를 대하고,
나로 인해 상대가 행복해지도록 하는 것이 관계의 핵심이다.

좋은 관계

 좋은 관계에는 마음과 정성을 다 바쳐라. 자신을 다하여야 전체 팀을 빛낼 수 있다. 좋은 관계는 아주 자연스럽게 자신보다 상대를 먼저 생각하게 만든다. 이때야말로 관계에 성공한다.

좋은 사람보다 더 기쁜 것은 없다. 좋은 사람을 만나러 갈 때는 걸음걸이마저 춤추듯 변하지 않던가.

《세월이 젊음에게》

뷔페 식당에 가서 모든 음식을 골고루 먹는 게 잘 먹는 것이 아니듯이 모든 사람을 공평하게 대하는 것이 옳은 건 아니다.

모든 책을 다 볼 수 없다. 한 번 보고 말 책이 있고 제목만 보고 지나갈 책이 있고 곁에 두고 여러 번 읽어야 할 책이 있다. 좋은 사람은 좋게 대하고 그저 그런 사람은 적당히 대하는 것이 옳다.

아들이 고3일 때 나에게 물었다.

"아빠는 책은 다른 작가들 것도 많이 읽는데 왜 구본형만 좋아해요?"

그 말을 들었을 때 뭐라고 답해야 할지 몰랐다.

이유를 생각하고 좋아한 것이 아니기 때문이다.

잠시 후 "구본형에게는 사람 냄새가 난다"고 대답했다.

내가 돋보인다면

그 사랑이 아름답다고 여겨지려면 같이 있을 때가 홀로 있을 때보다 더 고와야 한다. 그러니 그 사람과 함께 있으면 내가 더 좋은 사람이 된 듯 여겨질 때 그 사랑은 빛나는 것이다. 그러니 늘 생각해라. 홀로 있을 때는 작아 보이다가도, 그와 같이 있으면 그로 인해 내가 크게 돋보이고 그 또한 그러하다면, 그 사랑은 잘 어울려 행복한 사랑이다. 그럴 때는 그 사랑을 믿고 따르도록 해라.

《구본형의 마지막 편지》

탁구를 칠 때 잘 되는 상대가 있고 잘 안 되는 상대가 있다. 말을 할 때도 잘 풀리는 사람이 있고 꼬이는 사람이 있다. 탁구가 잘 될 때는 내가 잘 쳐서 그런 것보다는 상대가 내가 치기 쉽게 공을 주고 까다로운 공도 잘 받아주기 때문이다. 말이 잘 될 때도 내가 잘 해서라기보다 상대가 나의 말을 잘 받아주고 공감했기 때문이다. 내가 말을 많이 했다면, 상대가 나에게 말을 많이 할 수 있도록 배려를 했든가 아니면 지루한 말을 내색하지 않고 들었다는 뜻이다.

나는 사부와 함께 있으면 내가 뭐라도 할 수 있을 것 같은 기분이 들었다. 유머도 더 잘 할 수 있고, 더 좋은 책도 쓸 수 있을 것 같았다. 다른 사람도 아닌 사부가 그렇게 믿었기 때문에 나는 할 수 있었다.

나는 좋은 사람에 대한 아주 멋진 기준 하나를 알고 있다.

'내가 서고 싶으면 먼저 그 사람을 세워주어라.'

이런 가치를 믿는 사람이 좋은 사람이다. 다른 사람의 불행과 희생 위에 나의 성공을 쌓는 사람은 경계해야 한다. 이런 사람과 얽히면 최악이다. 어떤 사람들과 인생을 함께했느냐가 바로 그 사람의 인생이 어떠했느냐를 말해주는 가장 결정적인 증거다.

《나는 이렇게 될 것이다》

〈논어〉에 '애지욕기생(愛之慾其生)'이란 말이 있다. '사랑은 그를 살리고자 하는 마음'이라는 뜻이다. 장영희 교수는 《문학의 숲을 거닐다》에서 "누군가를 사랑한다는 것은 그 사람이 살게끔 하는 것"이라고 했다. 사랑한다는 것은 상대의 자유와 선택을 소중하게 생각하는 것이다. 내가 상대를 세워주면 나는 그 사람에게 좋은 사람이 되고, 나를 세워주는 사람이 있다면 그가 나에게 좋은 사람이 된다.

내가 서고 싶어서 아내를 먼저 세워주었더니 내가 바란 것보다 더 커졌다. 그녀의 커진 힘으로 나도 덩달아 클 수 있었다.

만약 거꾸로 했더라면 두 사람은 쪼개졌을 것이다.

세상의 인정을 너무 많이 기대하지 마라. 세상이 나에게 기대하도록 허락하지도 마라. 세상의 인정을 구하다 보면 정신은 비루해지고, 나의 자유는 얽매일 것이며, 나는 그들의 기대대로 움직일 수밖에 없을 것이다. 오직 자신에게 약속한 것을 스스로 행할 수 있도록 회초리를 들고 다그쳐야 한다.

《구본형의 신화 읽는 시간》

남에게 바라는 것이 많으면 서운한 것도 많아진다. 나를 위해 타인이 존재하는 것도 아니다. 그는 그를 위해 존재하고 나는 나를 위해 살아간다. 한없이 너그러운 사람도, 한없이 베푸는 사람도 없다. 나에게 고마운 사람이 가장 무서운 사람이다.

빚진 것이 있으면 갚아야 하고, 맺힌 것이 있으면 풀어야 한다.

사부는 옛말을 인용하며 "다른 사람의 옷을 얻어 입으면 그 사람의 우환을 가져야 하며, 다른 사람의 밥을 얻어먹으면 자신의 목숨을 내놔야 한다."고 했다. 《그리스인 조르바》의 작가 니코스 카잔차키스의 묘비명에는 "나는 아무것도 바라지 않는다. 나는 아무것도 두렵지 않다. 나는 자유다." 라는 글이 있다.

자유란 자신에게 부끄럽지 않고 다른 사람에게 바라는 것이 없는 것이다. 그런 사람은 어떤 것도 두렵지 않다.

우리는 마음속에서 만난다. 오직 그곳에서 만날 수 있을 뿐이다. 같은 곳에서 서로 뒹굴지만 마음으로 만나지 못하는 사람들이 얼마나 많으며 이승과 저승이 갈렸건만 헤어지지 못하는 사람들이 또 얼마나 많은가! 다만 마음의 조화일 뿐이다. 마음을 잃으면 모든 것을 잃는다. 《오늘 눈부신 하루를 위하여》

불교의 모든 경전을 한 단어로 줄인다면 '마음'일 것이다. 있는 것을 보는 것이 아니라 인식하는 것만 볼 뿐이다. 마음에 들면 좋아하게 되고 마음에서 벗어나면 멀어진다. 한평생을 사는 것은 자신의 마음의 조화에 놀아나는 것이다.

타인은 나를 비추는 거울이다. 사람은 절대적으로 착한 사람도, 나쁜 사람도 없다. 나를 대하는 상대의 모습이 결국 나의 모습이다. 상대가 나에게 웃으면 내가 잘 웃거나 웃을 만한 매력이 있어서 그런 것이고, 상대가 나에게 화를 내는 것은 내가 고의든 아니든 상대의 심기를 건드렸기 때문이다. 상대가 둥글면 나의 모습이 둥근 것이고, 상대가 모가 나면 자신의 모습이 그렇다고 생각하면 된다.

소통의 기술

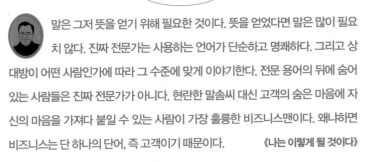

──── 잘 말하는 법 ────

말은 그저 뜻을 얻기 위해 필요한 것이다. 뜻을 얻었다면 말은 많이 필요치 않다. 진짜 전문가는 사용하는 언어가 단순하고 명쾌하다. 그리고 상대방이 어떤 사람인가에 따라 그 수준에 맞게 이야기한다. 전문 용어의 뒤에 숨어 있는 사람들은 진짜 전문가가 아니다. 현란한 말솜씨 대신 고객의 숨은 마음에 자신의 마음을 가져다 붙일 수 있는 사람이 가장 훌륭한 비즈니스맨이다. 왜냐하면 비즈니스는 단 하나의 단어, 즉 고객이기 때문이다. 《나는 이렇게 될 것이다》

인간관계의 핵심은 소통이다. 소통은 대부분 말로 이루어진다. 일이든 말이든 잘 하는 것이 중요한 게 아니라 해야 할 것을 잘 하는 것이 더 중요하다. 하지 않아도 될 일을 잘 하는 것보다 아무 일도 하지 않는 것이 더 낫고, 하지 않아도 될 말을 잘 하는 것보다는 아무 말도 하지 않는 것이 더 낫다.

사람마다 식성이 다르듯 같은 말도 상대에 따라 반응이 다른 것은 당연하다. 유창하게 말하는 것을 좋아하는 사람도 있고, 핵심만 간단히 말하는 것을 좋아하는 사람도 있다. 나는 과시적인 것을 싫어한다. 말도 거침없이 하는 것을 좋아하지 않는다. 말은 듣는 사람을 배려하면서 뜻을 전달해야 하기 때문이다.

상대에 따라 달리 말하는 법

공자 스스로는 어떤 고정관념이나 완성된 체계를 가지고 있었던 것 같지 않다. 강의할 때 교안을 만들어두지도 않았다. 똑같은 것을 물어도 사람의 성격에 따라 달리 대답해준다. 성질이 급한 자에게는 '용기란 한 번 더 생각해보는 것'이라고 대답해주는가 하면, 늘 망설이는 자에게는 '용기란 옳다고 생각하는 것을 당장 실천하는 것'이라고 말해준다.   《사람에게서 구하라》

불교에 '대기설법(對機說法)'이란 것이 있다. 듣는 상대에 따라 설법을 달리한다는 말이다. 절대적으로 옳은 것도 선한 것도 없다. 상대에 따라 옳은 것이 그른 것이 될 수 있고, 선이 악이 될 수도 있다. 한 마디의 유머가 분위기를 살릴 수도 있지만 썰렁하게 할 수도 있다. 침묵이 존재의 무게감을 더할 수도 있지만 비겁함이 될 수도 있다. 꿀이 혀에 묻으면 달콤하지만 손에 묻으면 찝찝한 느낌을 주는 것처럼 같은 것이라도 때와 장소에 따라 다른 결과를 가져온다.

사부는 제자들의 근기(根機)에 따라 다르게 말했다. 준비된 제자에게는 용기를 주어 자신의 길을 가게 하고, 대책도 없이 사표를 내려는 제자에게는 자신의 자리에서 꽃을 피운 뒤에 자신의 길을 가라고 하였다. 콘텐츠는 있는데 용기가 없어 책을 쓰지 못하는 제자에게는 용기를 주고, 겉멋만 들어 글에 힘이 잔뜩 들어간 제자에게는 숙성의 시간을 더 가지라고 했다.

나를 기쁘게 하는 것

인생은 대단한 것이 아니다. 우리는 기쁨을 위해 산다. 누군가를 기쁘게 해주는 것이 사랑이고, 나를 기쁘게 하는 것이 행복이다. 그리고 누군가의 기쁨과 나의 기쁨은 늘 섞여 있었다. 작은 수고들은 이런 기쁨을 위해 동반되는 선물의 포장지거나 아름다운 포장 끈이나 리본 같은 것들이다.

《나, 구본형의 변화 이야기》

나의 배려가 상대를 기쁘게 할 수 있다면 그것은 나의 기쁨이다. 말로써 상대를 즐겁게 할 수 있다면 재미있는 말을 하고, 꽃으로 상대가 행복하다면 꽃을 선물하라. 상대가 행복해야 내가 행복하다. 내가 행복하려면 함께 있는 사람이 즐거워야 한다.

먼저 인사하고 먼저 웃으라. 행복한 상대는 나에게도 행복한 기운을 보낼 것이다. 상대를 기쁘게 하는 것은 결국은 나를 위한 것이기도 하다.

나에게 맞는 방식으로

커뮤니케이션의 극적 묘미를 느끼기 위해서는 자신의 방식을 터득하고 자신에게 어울리는 커뮤니케이션의 방식을 찾아내는 것이 중요하다. 즉, 모든 사람이 다 쓰는 기본적인 방식에 대하여 배우기 전에, 자신이 잘 쓸 수 있는 자신의 방식에 주목할 필요가 있다. 말로 안 되면 글로 쓰고, 글로 안 되면 노래로 하고, 노래로도 안 되면 몸으로 보여주면 된다. 물론 그림으로 보여주어도 좋다.

《세월이 젊음에게》

소통은 음식과 비슷하다. 음식이 영양과 함께 맛도 중요한 것처럼 소통은 메시지도 중요하지만 재미가 있어야 한다. 말이 필요한 곳에서는 말을, 글이 필요한 곳에서는 글을, 노래가 필요한 곳에서는 노래를 해서 자신을 보여주는 것이 나의 소통방식이다.

나는 말보다는 글이 편하다. 말은 더듬기도 하고 사투리도 섞여 나오지만 글에는 그런 것이 없어 편하다. 노래는 잘 못 부르지만 노래가 필요한 자리에서는 빼지 않는다. 앵콜을 받으면 사양하지 않는다. 부족한 노래를 춤으로 보충하지만 춤을 잘 추는 것도 아니다. 노래도 못하고 춤도 못 추는데 둘이 결합되면 완전히 다른 결과가 나온다. 마이너스와 마이너스가 만나면 플러스가 되는 수학의 원리가 적용되는 것일까? 내가 추는 춤을 일명 막춤이라 하는데 막춤이라고 막 추는 것은 아니다. 막 추는 것처럼 보이게 할 뿐 대부분

의도된 것이다. 나의 막춤을 배우려고 하는 사람도 있다. 막춤을 출 수는 있어도 가르칠 수는 없다. 그때그때의 분위기와 기분에 의해 달라지기 때문이다.

남녀의 대화법

남자들이 모이면 정치와 스포츠와 군대 이야기를 한다. 경쟁과 승리, 그리고 서열의 매력이 지배하는 영역이기 때문이다. 그러나 여자들은 그런 종류의 이야기를 좋아하지 않는다.

왜냐하면 평등한 인간 사이의 관계를 멀리하는 속임수가 있다고 믿기 때문이다. 여자들은 그 대신 시시콜콜해 보이는 개인적인 것을 좋아한다.

《오늘 눈부신 하루를 위하여》

남자들의 공통화제는 단순하다. 정치 이야기나 스포츠 아니면 군대 이야기다. 특히 군대에서 축구한 이야기는 고장 난 테이프처럼 반복해서 들어 다 외울 정도다.

반면 여자들의 공통화제는 많다. 음식, 사람, 명품, 자식, 드라마, 여행을 비롯해서 시댁 이야기나 남편 이야기가 나오면 할 말이 많아진다.

남녀는 화제도 다르지만 공감하는 것도 다르다. 남자는 공감력이 떨어진다. 여자들이 자세하게 이야기해도 남자들은 잘 듣지 않는다. 남자에게는 결과가 중요하고 여자에게는 과정이 더 중요하다. 남자들은 모두에게 맞는 이야기에 공감하지만 여자들은 자신에게 맞는 이야기에 더 공감한다.

남자가 질문하지 않는 이유

 남자는 다른 사람과의 관계에서 독자성과 지위를 유지하기 원하지만, 여자는 다른 사람과의 연결성과 친밀감을 얻고 싶어 한다. 그래서 남자들은 질문하거나 사과하는 것을 좋아하지 않는다. 질문은 모자란다는 것을 나타내는 것이고 사과는 잘못했다는 것을 인정하는 것이기 때문이다.

《오늘 눈부신 하루를 위하여》

내비게이션이 없던 시절, 운전 중 길을 모를 때 묻는 것은 주로 아내였다. 묻는다고 해서 내가 낮아지는 것이 아니다. 사람은 자신이 누군가에게 도움이 되는 존재가 되길 원하지만 묻지도 않은 것을 가르쳐줄 수는 없다. 묻기만 하면 얼마든지 친절하게 가르쳐줄 용의가 있는데도 말이다.

몰라서 묻는 것도 있지만 대화를 이끌어가기 위해 의도적으로 하는 질문이 있다. 리더는 후자를 더 선호한다. 질문을 하는 사람이 대화를 이끌어가는 사람이기 때문이다.

사과도 마찬가지다. 부부싸움을 해도 아내는 두 시간만 지나면 사과하는데 나는 이틀이 지나도 사과하지 않았다. 이것은 인격의 문제가 아니라 남녀의 속성이기 때문에 특별히 노력하지 않으면 바뀌지 않는다. 누구나 잘못을 할 수 있다. 그럴 때 사과하지 않는 것은 더 큰 잘못을 저지르는 것이다. 진정으로 용기 있는 사람만이 사과할 수 있다.

사부는 "남자는 여자가 마지막으로 길들인 동물"이란 말을 했다. 듣기도 거북했고 이해도 되지 않았다. 살아가면서 남자는 여자에게 천천히 관계의 기술을 배워간다는 것을 알게 되었다.

요즘 양말을 세탁기에 잘 넣는 나 자신을 보고 나도 모르게 아내에게 길들여지고 있다는 것을 느낀다.

칭찬과 겸손

사람의 마음을 편하게 하는 법

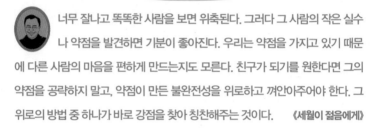

너무 잘나고 똑똑한 사람을 보면 위축된다. 그러다 그 사람의 작은 실수나 약점을 발견하면 기분이 좋아진다. 우리는 약점을 가지고 있기 때문에 다른 사람의 마음을 편하게 만드는지도 모른다. 친구가 되기를 원한다면 그의 약점을 공략하지 말고, 약점이 만든 불완전성을 위로하고 껴안아주어야 한다. 그 위로의 방법 중 하나가 바로 강점을 찾아 칭찬해주는 것이다. 《세월이 젊음에게》

가까운 사이는 단점은 잘 보여도 장점은 잘 보이지 않는다. 가깝다는 이유로 함부로 대하고 자기와 다르다는 이유로 쉽게 충고하려 든다. 이런 관계는 오래 가지 못한다. 충고를 한 번 하려고 하면 칭찬은 열 번은 해야 한다.

윗사람을 칭찬하는 것은 어렵다. 자칫 아부로 비쳐질 수도 있기 때문이다. 진심에서 우러나오는 마음이 있으면 아부가 아니다. 설사 다른 사람이 그렇게 본다고 하더라도 듣는 사람은 그렇지 않다.

사부께 보낸 오래된 메일이 있다.

사부님의 책을 방금 다 읽었습니다. 이번에는 책을 읽는데 시간이 좀 오래 걸렸습니다.

곳곳에 보물들이 많이 널려 있어 그것을 저의 바구니에 주워 담느라 시간이 좀 걸렸습니다. 사부님의 일을 사랑하고, 생각을 사랑합니다. 그리고 사부님도 깨어 있을 이 새벽을 사랑합니다. 집 공사는 잘 되고 있습니다. 이 달 말이나 5월 초에는 새집으로 이사갑니다. 올해는 꼭 사부님을 저의 집에 모셔서 좀 더 많은 가르침을 받고 싶습니다. 경주나 포항에 강연이 있으면 일정을 좀 여유 있게 잡고 오시면 좋겠습니다. 저의 마음속에 있는 별을 보게 해주신 사부님께 감사의 마음을 이렇게라도 전하지 않으면 정말 답답할 것 같아 몇 자 올립니다.

아부성 발언이 조금 들어 있지만 사부도 좋아했다. 그 후 나에게 '어당팔'이란 이름을 붙여주었다. 이것은 '어수룩한 사람이 당수 팔단'이란 뜻이다. 나에게 딱 어울리는 이름 같아 지금도 쓰고 있다.

사부는 나의 두 번째 책인 《유쾌한 인간관계》 추천사에서 이렇게 말했다.

"그는 나를 만나면 나를 칭찬해준다. 그래서 마치 내가 대단한 사람이라도 된 듯 스스로 생각하게 한다. 나도 뻔히 알면서도 당하는 셈이다."

─── **칭찬의 힘** ───

 칭찬에는 진실한 힘이 있다. 하지만 누군가를 칭찬하는 것이 어떤 이들에게는 용기가 필요한 일일 수도 있다. 나 역시 칭찬을 잘 못하는 편이다. 이심전심의 비법을 좋아하고 그렇게 서로 통해야 깊게 사귈 만하다고 여기는 사람이다. 그러나 세월이 흘러 나이가 들어가는 동안 더 많이 칭찬하는 것이 필요하다고 느꼈다. 감정을 표현하지 못해서 놓치게 된 아까운 관계들이 많았기 때문이다.   《구본형의 THE BOSS 쿨한 동행》

칭찬이나 비판에는 부작용이 따른다. 하지만 칭찬은 부작용보다 효과가 훨씬 크다. 일상에서 칭찬하는 것이 힘든 이유는,

첫째, 칭찬을 받지 못하고 자랐기 때문이다. 사랑도 받아본 사람이 할 수 있고 칭찬도 받고 자란 사람이 할 수 있다. 둘째, 생각은 있지만 어떻게 표현해야 할지 잘 모르기 때문이다. 사랑도 배워야 할 기술이듯이 칭찬도 그렇다. 셋째, 알고는 있는데 행동이 잘 안 되기 때문이다. 아는 것과 행동하는 것은 별개다. 아는 것을 행하는 데는 용기가 필요하다.

사부는 제자가 겸손하지 못할 때, 글에 힘이 잔뜩 들어갈 때, 자신의 주제를 알지 못하고 허황된 꿈을 꾸고 있을 때는 가차 없이 꾸짖지만, 잘 할 때는 격려와 칭찬을 아끼지 않았다. 우리 집에 왔을 때 정원을 가꾼 아내에게 '서마사'란 별명을 지어 주었다. 마술과

같은 사람이란 뜻이라고 했다. 나는 지금도 아내를 그렇게 부르고 있다.

은근하게 나를 표현하라

은근하게 나를 표현하라. 너무 드러내면 천박하여 적이 생기고 너무 감추면 다른 사람이 찾아내기 힘들다. 은근한 노출, 이 섹시한 비법을 터득해야 한다.

밥을 먹거나 술을 마실 때 혹은 담소를 나눌 때 자연스럽게 지식과 경험이 새어 나오도록 하는 것이 좋다. 일상 속에서 시도한 새로운 모험과 실험에 대하여 이야기하라.

《구본형의 THE BOSS 쿨한 동행》

은은하게 비추는 달은 오래 볼 수 있지만 강렬하게 비추는 태양은 오래 보지 못한다. 좋은 향수는 은근한 향을 내지만 싸구려 향수는 노골적으로 코를 찌른다. 은은하게 비춘다고 해서 상대가 못 알아볼 정도면 자신의 존재가 약한 것이다. 그런 존재를 강하게 비추면 눈살만 찌푸릴 뿐이다.

표현하지 않았는데 상대가 나를 알아주기를 바라는 것은 상대를 너무 높이 평가하거나 자신의 불친절함을 합리화하는 것이다. 내가 마음이 있어도 상대가 알지 못하면 없는 것과 마찬가지다. 공자는 "바탕이 겉모습을 넘어서면 촌스럽게 되고, 겉모습이 바탕을 넘어서면 형식적이 된다. 겉모습과 바탕이 잘 어울린 다음에야 군자답다."고 말했다. 사람은 겉과 속의 균형이 맞아야 한다. 속이 빈 사람이 겉만 화려하면 가식적으로 보이고, 속이 꽉 찼더라도 겉으로 드러내지 못하면 비단옷을 입고 밤길을 걷는 것과 같다.

진정한 겸손

인간관계 최고의 미덕 중 하나는 겸손이다. 세상에 자신을 외치고 스스로를 높이려는 욕망은 인간의 본성이기 때문에 그것을 참아내기는 힘들다. 위대해지기 위해 넘어서야 할 최초의 관문은 그래서 겸손인지도 모른다. 겸손은 말과 태도의 문제라기보다는 자신에 대해 올바르게 평가할 수 있느냐의 문제다. 그것은 비굴해지지 않으면서 자신을 과대포장하지도 않는 분별력에서 나온다. 그러므로 꾸미는 겸손은 진정한 겸손이 아니다. 《구본형의 신화 읽는 시간》

누구나 남에게 잘 보이고 싶은 마음이 있다. 다만 그 방법이 다를 뿐이다. 잘 났다고 뽐내는 사람은 그것이 자신을 드러내는데 좋다고 생각하기 때문이다. 모든 사람은 어느 정도의 열등감을 가지고 있다. 자신보다 못 난 사람을 보면 위안이 되지만 잘 난 사람을 보면 열등감이 생기게 된다. 그래서 겸손이 필요한 것이다.

서로 비슷한 사람들이 약간 차이가 날 때 시기질투를 한다. 차이가 많으면 "저 포도는 시다"고 말하는 여우처럼 떠난다. 친구는 출발점이 비슷한 사람이다. 결과에 대한 인정보다는 시작에 대한 동질성이 더 크게 작용한다. 그러나 상대의 결과는 바꿀 수 없는 현실이다. 그래서 친구를 흠집 내거나 자신의 다스리기 힘든 회한을 안고 살아간다.

● 부부 관계

$$결혼은\ 관계야$$

이 바보야
결혼은 말야

관계야

결혼을 하면 서로 한두 가지씩은 희생해야 해

그래 그래 좋아하는 것을 내놓았으니

결혼은 시련인 거지

'관계라는 신 앞에 바쳐진 자아라는 제물'

그게 바로 결혼이야

근데 내놓을 때 잘 내놓아야 해

서로 내놓아야지

한 사람만 내놓으면 안 돼

말하자면

관계를 위해 희생해야지

상대를 위해 희생하면

내가 죽어버려

내가 죽으면 관계도 없어

내가 빳빳하게 살아 있어야

그 관계가 오래간단 말이지   《나는 이렇게 될 것이다》

《어린 왕자》에 "길들인다는 것은 관계를 만든다는 것"이라는 말이 나온다.

차도 처음에는 신차 길들이기를 한다. 하물며 함께 오래 살아야 할 부부는 상대를 길들여야 무리 없이 살 수 있다. 중요한 것은 길들인다는 생각을 상대가 눈치 채지 못하게 하는 것이다. 상대도 그런 생각을 가지고 있을 것이다. 길들이는 것보다 더 중요한 것은 길들여지는 것이다. 일방적으로 길들여지는 것은 사육이지 사랑이 아니다. 사랑하는 사이에서는 서로에게 길들여지는 것이다.

세상에 공짜는 없다. 부부사이도 마찬가지다. 소중한 하나를 얻기 위해서는 덜 소중한 것을 내놓아야 하고, 둘을 얻기 위해서는 하나를 버려야 한다. 부부관계를 유지하기 위해서는 버려도 될 것은 버리고 내려놓아도 될 것은 내려놓아야 한다. 제때 버리고, 제때 내려놓지 못하면 관계를 잃는다. 관계를 잃으면 모든 것을 잃는 것이다. 사부가 가끔 쓰는 표현처럼 수술은 잘 되었지만 환자가 죽으면 무슨 소용이 있는가.

여자를 속일 생각은 하지 마라. 특히 아이를 키워봄으로써 오래된 유전적 도움 위에 실전의 경험을 더한 아줌마들을 속이기는 쉽지 않다. 그들의 정보처리 능력은 겨우 언어의 도움을 받아 의사소통을 하는 남성에 비해 월등하다.

《오늘 눈부신 하루를 위하여》

남자는 바람기가 있다. 일부는 바람을 피우기도 하고 나머지는 생각은 있지만 용기가 없다. '완벽하게 속일 수 있지 않을까' 하는 사람이 있다면 다시 한 번 생각해보는 것이 낫다.

링컨은 "모든 사람을 잠시 속일 수 있고 몇몇 사람을 영원히 속일 수는 있다. 하지만 모든 사람을 영원히 속일 수는 없다."고 말했다. 아내는 몇몇 사람에 속하는 사람이 아니다.

사부는 좀처럼 이런 이야기는 하지 않는데 어느 칼럼에서 이런 말을 했다.

"아내나 애인 이외의 여자를 사귀다가 그대가 아무리 잘 감추었다 하더라도 혹시 발각되는 날이면 명명백백히 드러나더라도 결단코 아니라고 맹세하라."

이쯤 되면 회복하기 어렵다. 아내에게는 들켜도 되는 것은 가끔 속일 수 있지만 들키면 안 되는 것을 속이려고 해서는 안 된다.

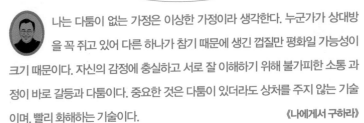

부부싸움은 필요악

나는 다툼이 없는 가정은 이상한 가정이라 생각한다. 누군가가 상대방을 꼭 쥐고 있어 다른 하나가 참기 때문에 생긴 껍질만 평화일 가능성이 크기 때문이다. 자신의 감정에 충실하고 서로 잘 이해하기 위해 불가피한 소통 과정이 바로 갈등과 다툼이다. 중요한 것은 다툼이 있더라도 상처를 주지 않는 기술이며, 빨리 화해하는 기술이다.

《나에게서 구하라》

세상의 대부분의 갈등은 나와 같지 않은 데서 온다. 상대가 나와 다른 것이 문제가 아니라 다른 것을 받아들이지 못하는 것이 문제다.

자연은 자신과 다르다고 해서 다투지 않는다. 부부는 상대가 잘 못했을 때가 아니라 나 자신이 옹졸해졌을 때 싸우는 것이다. 부부의 사랑이 식거나 삐걱거린다면 그 원인의 절반은 나에게서 찾는 것이 현명하다. 나에게서 원인을 찾지 못하면 다른 사람과 관계를 맺더라도 결국 같은 결과가 나올 것이다. 같은 빵틀로 만든 국화빵은 모양이 같을 수밖에 없다.

싸우지 않는 부부가 이상적인 것은 아니다. 싸우지 않는다고 하여 사랑하는 것은 아니다. 부부는 같아야 되는 게 아니라, 다르지만 조화를 이루어야 하는 관계다. 다른 것이 서로 조화를 이룰 때 잘 어울리며 아름답다.

남자와 여자의 관계는 두 사람이 함께 껴안고 추는 춤과 같다. 남자가 여자가 될 수는 없다. 그 반대도 마찬가지다. 그러나 함께 춤을 추고 있는 파트너를 이해하지 못하면 그 춤은 서로 부딪치고 발등을 밟는 관계, 그리하여 서로 떨어져 제 갈 길을 가야 하는 관계가 될 수밖에 없다.

《오늘 눈부신 하루를 위하여》

큰 돌과 작은 돌이 섞여 무너지지 않고 오랜 세월을 견디는 성(城)이나 돌담을 보면 감탄이 나올 때가 있다. 큰 돌은 힘을 많이 받는 곳에, 작은 돌도 생긴 모양대로 쓰임이 있다. 가정도 똑같은 생각을 하는 사람들로 구성되어 있다면 조용히 흘러갈 것 같지만 그런 곳에는 조화와 균형미가 없다.

조화란 나를 버려서가 아니라 진정한 나를 찾음으로써 이루어진다. 나도 찾고 상대도 찾게 하면서 조화를 이루는 것이 아름다운 부부다. 아내와는 로또처럼 맞는 것이 없는 줄 알았는데 살아가면서 점점 맞는 것이 많아진다는 것을 느낀다. 더 오래 살면 1등은 아니더라도 2등은 당첨될 것 같은 착각이 들 때가 있다.

사랑은 변한다

간혹 사랑은 바위처럼 단단하고 믿을 만한 것이기도 하지만, 단 한 번의 미풍에 녹아내릴 수 있을 만큼 불안한 것임을 예감하기도 한다. 포도주 빛처럼 매혹적이다가 지독히 역겨운 상황으로 반전하기도 하고, 평화로운 푸른 바다 같다가 폭우가 쏟아지는 해일로 변하기도 한다. 사랑은 가장 극적이고 가장 드라마틱하고 가장 빠져들기 쉽고 가장 상처받기 쉬운 것이기도 하다. 그게 사랑의 매력이다. 사랑의 개념은 불변하는 것이지만, 그 구체적 모습은 천변만화의 격정이다.

《나, 구본형의 변화 이야기》

하늘의 구름처럼 항상 변하는 것이 마음이라면 상대를 위해 죽어도 좋을 만큼 사랑하다가 죽이고 싶을 만큼 미워지는 것이 사랑이다. 언제 시들지 모르기 때문에 사랑이 빛이 바래는 것이 아니라 그렇기 때문에 오히려 사랑이 더욱 아름다운 것이다. 한 번의 사랑이 굳건하게 오래간다면 그건 사랑이 아니다. 그런 사랑은 짜릿하지도 않다. 될 듯 말 듯, 줄 듯 말 듯, 이렇게 짜릿함과 애틋함이 있어야 사랑이다.

모든 것이 변한다. 자연도 변하고 사랑도 변한다. 모닥불이 숯불이 되고, 숯불이 화롯불이 되듯이 사랑도 그때 그때 어울리는 모습이 있다.

43

사랑과 집착

 사랑하지만 집착하지 않는 훈련이 필요하다. 오직 관계만을 원할 뿐, 관계를 통해 다른 것을 원치 않을 때 그것은 순수한 사랑이다. 그러나 사랑은 종종 집착으로 이어진다. 사랑이 집착으로 흐르지 않게 막는 것은 참으로 어려운 일이다. 사랑은 쿨한 것이 아니기 때문이다. 자신을 사랑으로 가득 채우되 집착하지 않는 것, 이 어려운 존재방식이 인간 삶의 과제가 아닐까? 주어진 본성 속에서 개인에게 남겨져 있는 그 선택에 따라 우리는 성자도 악한도 될 수 있다. 인간에게 주어진 선택지, 그 스펙트럼은 너무나도 광범위한 것 같다. 《나에게서 구하라》

어느 정도의 집착은 사랑의 짜릿함을 준다. 문제는 과도한 집착이다. 인간관계, 특히 남녀관계에서는 친밀함을 원하면서도 동시에 적당한 거리를 두고 싶어 하는 욕구가 공존하는 모순적인 심리상태가 있는데 이것을 '고슴도치 딜레마'라고 한다.

육조혜능이 깨달았다고 하는 금강경의 '응무소주이생기심(應無所住而生其心)'이란 유명한 말이 있다. '응당 주(住)할 곳 없이하여 그 마음을 일으키게 하라. 즉 어느 곳에도 마음을 머물지 않게 하여 마음을 일으키라'는 뜻이다.

사랑이 너무 가까우면 집착이 될 수 있고, 너무 멀어지면 사랑이 식을 수 있다. 사랑하지만 집착하지 않고, 관심을 가지되 간섭하지 않고, 배려하되 구속하지 않는 것이 관계의 지혜다.

상사와의 관계

상사를 먼저 이해해야

 상사와 잘 맞지 않으면 최소한 상사가 나를 거부하지 않도록 나아가 나를 좋아하도록 완충 지대를 확장해라. 먼저 상사의 업무 스타일과 태도를 이해하라. 상사가 중요하게 생각하는 부분은 더 관심을 기울이고 신경 써라. "나는 중요한 사람으로 대우 받고 있는가?"라고 묻지 말고 "어떻게 하면 그에게 중요한 사람이 될 수 있을까?"라는 주제로 고민하라.

《구본형의 THE BOSS 쿨한 동행》

인간관계에서 피할 수 없는 관계가 부부와 상사와의 관계다. 다른 관계는 나와 맞지 않으면 피할 수가 있지만 이들과는 그렇게 할 수가 없기 때문이다.

상사와는 직장을 그만두지 않는 한 피할 수 없다. 상사 때문에 직장을 그만두는 것은 최악의 선택이다. 어디에도 내가 좋아하는 스타일의 사람만 존재하는 것이 아니다. 적절한 관계의 기술을 발휘할 필요가 있다.

사부는 상사와 맞지 않아 사표를 던진 제자에게 말했다.

"지금까지 리더십에 관한 수많은 책이 나왔지만 대부분이 상사가 부하를 다루는 기술에 관한 것이었다. 부하가 상사를 대하는 기술에 관한 책은 거의 없다. 조직의 생리상 부하로서 쓸 수 있는 카드는 거의 없다. 만약 부하에게 휘둘리는 상사가 있다면 그 또한 자신의 상사가 그를 그 자리에 그냥 두지는 않을 것이다. 결국 부하이기 때문에 참고 견디라는 이야기로 끝나기 쉽다."

내가 돛단배라면 상사는 바람이다. 순풍이 될 수도 있지만 때로는 역풍이 될 수도 있다. 내가 바람의 방향을 바꿀 수는 없지만 돛의 방향을 바꾸어 원하는 곳으로 갈 수는 있다. 바람이 불지 않을 때는 쉬어가거나 노를 저어 갈 수도 있다. 만약 태풍이 불면 돛을 내리고 몸을 낮추어야 한다.

주연을 빛나게 하는 조연

상사는 주연이 되고 싶어 한다. 따라서 부하직원이 자신을 빛내는 조연이 되어주길 바랄 뿐 자신의 빛을 초라하게 하는 눈부신 빛을 내뿜는 것을 바라지 않는다. 내가 주연의 자리에 오르기 전까지는 주연의 빛을 더해주는 조연이 되어야 한다.
《구본형의 THE BOSS 쿨한 동행》

상사는 똑똑한 부하보다는 자신에게 맞는 부하를 좋아한다. 일은 잘 하지만 마음에 안 드는 사람보다 성실하면서 인간적으로 마음에 드는 사람을 좋아한다. 일은 가르쳐서 숙달시킬 수 있지만 인간성은 바뀌지 않기 때문이다.

"애벌레가 몸을 수축시키는 것은 펼친 후 뻗어나가기 위함이며, 용과 뱀이 움츠리는 것은 자기를 보존키 위함이다."

주역에 나오는 말이다.

꿀을 따려면 벌을 가까이 하고 물고기를 잡으려면 지렁이를 가까이 해야 한다. 원하는 것을 얻기 위함이다. 조직에서 상사를 이길 수 있는 부하는 없다. 상사가 잘 나서가 아니라 조직의 힘을 가지고 있기 때문이다. 상사는 극복해야 할 대상이지 싸워야 할 대상은 아니다. 상사를 과소평가하면 안 된다. 과대평가의 결과는 실망으로 돌아올 수 있지만 과소평가의 결과는 인사보복으로 올 수 있다.

상사에게 하는 직언

직언이란 상사의 잘못이나 부족한 점 심지어 비리를 지적하고 바로잡아야 하는 과정에서 권위에 도전하게 되는 것이니, 호랑이 꼬리를 밟는 일처럼 대단히 위태로운 일이라는 뜻이다. 쉽게 할 수 있는 일이 아니다. 그래서 늘 힘을 가지고 있는 사람의 주위에는 직언하는 사람보다 좋은 말로 아부하는 사람들이 더 많은 것이다. 역사는 쓴 소리와 충언을 아끼지 않는 사람들의 충절을 기리기도 하지만 직언이 받아들여지지 않아 어려움을 겪거나 목숨을 잃은 사람들의 수많은 사례도 보여준다. **《구본형의 THE BOSS 쿨한 동행》**

직장인들이 사표를 내는 원인 중 가장 많은 비중을 차지하는 것은 상사와의 인간관계 때문이다. 예의는 생각보다 훨씬 중요하다. 상사에게 이야기할 때는 때를 아는 것과 이야기하는 방식이 중요하다. 아무리 좋은 것도 상사가 두 번 거절하면 더 이상 말하지 않는 것이 좋다.

사부는 말했다.

"상사의 마음은 알기가 힘들다. 같은 행동을 하더라도 상사의 마음에 따라 그 평가는 언제든지 달라질 수 있기 때문에 항상 행동을 신중하게 해야 한다. 조직은 자유롭지 않은 곳이다. 상사가 직언을 하라고 하더라도 직언을 하는 것은 어리석은 행동이다. 열린 조직이란 없다. 내가 있던 IBM도 마찬가지였다."

상사에게 직언하는 부하나, 연인에게 과거 이야기를 털어놓는 사람의 결과는 불을 보듯 뻔하다.

상사 역시 유약한 사람이다

대부분의 상사들은 냉정을 가장하고 있다. 부하직원이 자신을 어떻게 생각하든 개의치 않는다고 호기롭게 말하기도 한다. 그저 중간관리자로서 할 일을 할 것이라고 말한다. 그러나 그 말은 진심이 아니다. 사람은 누구나 사랑받기를 원한다. 자신의 언행을 다른 사람이 어떻게 생각하는지 신경 쓰지 않는 사람은 이미 패배자다. 사회 속의 비사회인이기 때문이다. 상사 역시 부하직원들에게 관심을 받고 싶어 한다. 다만 그것이 유약한 사람으로 보일까 염려하는 것뿐이다.

《구본형의 THE BOSS 쿨한 동행》

리더십을 갖춘 상사보다는 조직이 부여한 힘에 의존하는 상사가 더 많았다. 직장에서 승진을 잘 하는 사람은 능력을 두루 갖춘 사람보다는 기본적인 능력은 있지만 그보다 상사와의 관계가 좋은 사람이라는 것을 알게 되었다. 아무리 일을 잘 하는 사람이라도 자신의 주장이 강한 사람은 한계가 있었다. 등산을 좋아하는 부장이 주말에 산에 가자는데 거절하고 골프 치러 가는 사람이 고과점수를 잘 받는 것을 보지 못했다. 송년회에서 허심탄회하게 할 말을 하라는 부장의 말을 곧이듣고 마음속에 있는 말을 한 직원이 무사한 것을 보지 못했다.

사부는 직장 예절을 어려워하는 제자에게 말했다.

"만약 상사에게 잘못을 저질렀을 때에는 찾아가서 사과하는 것이 가장 좋은 방법이다. 가정에서는 가족이 잘못을 저지르고 사과를 하지 않더라도 다른 부분에서 잘 하면 용서받을 수도 있지만 조직은 그렇지 않다. 아무리 다른 곳에서 잘 하더라도 자신의 잘못은 그대로 남는다. 조직에서 상사를 바꾸기는 무척 어렵다. 거의 불가능하다. 부하로서의 지혜로운 처신만이 자신을 지켜준다."

이상적인 관계

이상적인 상사와 부하직원의 관계는 좋은 스승과 제자가 되는 것이다. 또한 '상사는 부지깽이, 부하는 땔감'이 되는 것이 이상적이다. 불로 타올라 모든 것을 다 쓰고 소진해야 최고가 될 수 있다. 대부분의 직장인들은 그렇게 타오르지 못한다. 젖은 장작처럼 연기만 내거나 불쏘시개가 있을 때만 잠시 타오르다 꺼지고 만다.

상사는 여러 개의 나무를 쌓아 불이 타오르도록 만드는 사람이다. 그는 부지깽이다. 나무가 잘 타지 않으면 스스로 몸에 불을 붙여 불쏘시개 역할을 해야 한다. 좋은 상사는 나무들이 남김없이 전소하도록 불길을 터주는 사람이다. 부하직원은 좋은 인재로 타오르고, 상사는 그들이 마음껏 타오르게 하여 함께 공을 이룰 때 조직은 가장 큰 성과를 얻을 수 있다. 《구본형의 THE BOSS 쿨한 동행》

두 번째 책을 썼을 때의 일이다. 사부가 나에게 강의를 소개하였다. 경북대 동아리에서 정기적으로 사외 강사를 초청하여 강의를

듣는데 거기에 가라는 것이다. 처음에는 감사한 마음으로 받아들였는데 알고 보니 내가 갈 자리가 아니었다. 역대 강사 프로필을 보니 대학총장, 교수, 컨설턴트, 국회의원, 방송인 등 이름만 대면 알 만한 사람들이었다. 정중히 사양하려고 전화를 걸었는데 사부는 받아들이지 않았다. "책 두 권을 쓴 사람은 박사학위 두 개를 가진 것과 같다."고 하였다. 그 말을 들어도 자신이 없었다. 자신을 갖지 못하는 나에게 "내가 당신을 믿어. 그러니 가서 해."라고 잘라 말했다.

나는 '사부님이 나를 믿는데 왜 내가 나를 못 믿을까' 생각하고 용기를 내어 갔다. 결과는 대성공이었다. 200명 정도 모였다. 두 시간 동안 한 사람을 제외하고 모두 집중하여 들었다. 그날 이후 사람들 앞에서 울렁증이 없어졌다.

강의를 마치고 학생대표가 물었다.

"강사님은 유쾌한 강사입니다. 우리 교수님은 왜 그렇게 하지 못할까요?"

"그게 바로 마누라와 애인의 차이입니다."

모두 웃었다. 그날은 유쾌한 날이었다.

행 복

0 2

살아만 있어도 행복한 사람이 있고, 모든 것을 다 가져도 불행한 사람이 있다.

대부분의 사람들이 삶의 목표를 '행복'이라고 말하지만

자신이 그렇게 생각하는 사람은 적다.

행복의 기준이 너무 높거나 길을 모르기 때문이다.

행복은 봄 햇살 아래 날아다니는 나비와 같다.

추구한다고 되는 것이 아니다. 느끼고 발견하는 것이다.

유머의 힘 ¶ 웃음의 힘 ¶ 감사하는 삶
일상 속 보석 ¶ 몰입하는 순간

기본이 충족되면 행복의 조건은 사람마다 다르다.

같은 것이 있다면 지금, 이 순간 행복하지 않으면 행복하지 않다는 것이다.

행복은 어떤 일의 결과로 오는 것이 아니다.

의미 있는 일과 좋아하고 성장하는 행위를 하는 과정에서

느끼는 충만한 마음이 행복이다.

유머의 힘

유머 책

유머란 나와 나에게 닥친 사건을 분리시켜 인지함으로써 웃어줄 수 있는 힘을 얻는 것이다. 자신을 웃음거리로 만들 줄 아는 사람이야말로 유머를 즐기는 사람이다. 삶에 대해 웃어주자. 웃음으로 나를 탐구하자.

《나에게서 구하라》

연구원들과 책을 같이 쓰기 위해 지리산에 갔다. 사부와 나는 같은 방을 썼다. 아침 일찍 일어나 산책을 하면서 많은 이야기를 했다.

사부가 먼저 물었다.

"유머 책을 읽으면 유머를 할 수 있나?"

나는 잠시도 망설이지 않고 대답했다.

"안 됩니다. 그런 책은 없습니다."

사부는 조금의 의심도 없이 말했다.

"유머 책을 한 번 써봐."

평소 사부의 말을 잘 받아들였지만 그 말을 감당할 수 없을 것 같아 일단 도망쳤다.

"안 됩니다. 수영교본을 읽는다고 수영을 할 수 없는 것과 같습

54

니다."

"어당팔은 할 수 있을 거야."

"……."

평소 농담을 잘 하지 않는 사부가 그런 말을 하니 나도 다시 생각해보게 되었다. 한참 생각 후 말했다.

"예, 한번 생각해 보겠습니다."

사부는 확신에 찬 얼굴로 말했다.

"생각할 것 없이 바로 시작해. 가장 어당팔다운 책을 한번 써봐."

"예."

이렇게 해서 1년 후에 나온 책이 《유머 사용 설명서》다. 사부 덕분에 유머에 대한 공부가 많이 되었고 또 하나의 세계를 얻었다.

유머의 힘

 싸울 수도 없고 도망칠 수도 없을 때 유머는 가장 적절한 해결책이다. 유머는 적개심을 가지고 있지 않다. 이것은 환상적인 속임수다. 진실의 꾸며댐일 수도 있다. 불가피한 것에 대항하는 부드러운 대응이다.

《나, 구본형의 변화 이야기》

미국은 대통령의 가장 중요한 덕목으로 통치력과 유머를 꼽는

다. 역대 미국 대통령의 인기도는 유머능력에 비례한다. 위대한 미국 대통령 두 사람을 꼽으라면 링컨과 레이건이다. 유머감각으로 뽑아도 단연 이 두 사람이다.

합동연설을 할 때 더글라스가 링컨을 공격했다.

"링컨은 이중인격자입니다. 그는 두 얼굴을 가진 사람입니다."

링컨이 청중을 향해 말했다.

"여러분들 판단에 맡깁니다. 제가 만약 두 얼굴을 가졌다면 하필 이렇게 중요한 자리에 못생긴 이 얼굴을 들고 나왔겠습니까?"

이 한 마디에 선거는 이미 승부가 났다.

레이건 대통령이 73세의 나이로 재선에 출마하여 56세의 먼데일 후보와 TV토론을 할 때 먼데일은 레이건의 나이를 문제 삼았다.

레이건이 말했다.

"나는 이번 선거에서 후보의 나이를 문제 삼고 싶지 않습니다."

먼데일이 물었다.

"무슨 뜻입니까?"

"당신이 너무 젊고 경험이 없다는 사실을 정치적 목적으로 이용하지 않겠다는 뜻입니다."

레이건의 이 말에 시청자들은 폭소를 터뜨렸다. 선거는 당연히 레이건의 압승이었다.

영국에서는 단연 처칠이다.

그는 여성 의원인 에스터와 적대적인 관계였다. 그녀가 처칠에게 말했다.

"내가 만약 당신의 아내라면 서슴지 않고 당신이 마실 커피에 독을 타겠어요."

그는 태연히 대답했다.

"내가 만약 당신의 남편이라면 서슴지 않고 그 커피를 마시겠소."

이들의 유머가 배꼽을 잡을 정도로 웃기는 건 아니지만 곤란한 상황을 멋지게 벗어날 수 있게 하고 전쟁이나 죽음과 같은 위기상황에서도 고난에 처한 국민들에게 웃음을 선사하였다.

유머는 삶이 힘들거나 이러지도 저러지도 못하는 상황에서 벗어나게 해준다. 위기의 순간에 웃길 수 있다면 상황은 이미 끝난 것이다.

늘 진지한 사람

 저는 끊임없이 의미를 찾는 사람입니다. 그래서 책을 쓸 수 있습니다. 그러다 보니 너무 진지해 보이지요. 늘 진지한 사람은 지루하잖아요. 진실을 전달하는 방법이 늘 진지해서도 안 되구요. 그래서 우선 많이 웃으려고 합니다. 남을 웃길 수는 없으니까 남이 우스운 말을 하면 많이 웃으려고 합니다.

《일상의 황홀》

내가 사부보다 나은 것이 한 가지 있다. 유머다. 그래서 그가 나에게 "유머 책을 써보라"고 한 것 같다.

사부가 이런 말을 한 적이 있다.

"어당팔은 진지하게 말하는데도 사람들이 웃을 준비를 하고 있다. 강사들은 일부러 웃기려고 해도 잘 안 되는데 이런 것은 굉장히 큰 재산이다."

평소에 잘 느끼지는 못하지만 듣고 보니 그런 것 같았다.

사부도 가끔 은근하게 웃긴다. 강의를 할 때 웃은 적이 몇 번 있었다. 가장 기억에 남는 것은 경주에서 사부의 출판기념회 겸 꿈벗을 대상으로 강의를 할 때였다. 인사를 하고 난 뒤 "짜장면 맛있게 먹었으면 됐지 주방장은 왜 부르느냐?"고 하여 빵 터졌다.

그는 "유머를 잘 하는 것은 큰 자산이지만 아무나 할 수 있는 것은 아니다. 유머보다 더 중요한 것은 다른 사람이 유머를 할 때 웃어주는 것이다."라고 했다.

나는 무엇을 줄 수 있나

축제가 흥겨우려면 노래를 잘 하는 사람은 노래로, 춤을 잘 추는 사람은 춤으로, 사람을 잘 웃기는 사람은 유머로, 고기를 잘 굽는 사람은 맛있게 구운 고기로 기여할 수 있다. 따라서 자신이 가장 잘 할 수 있는 '죽여주는 기술', 즉 필살기 하나를 갖춰야 한다.   《나는 이렇게 될 것이다》

당신에게 노래할 기회가 주어지거든 기꺼이 노래하라. 잘 부르지 않아도 된다. 잘 해야 남들 앞에서 노래하고 춤을 추는 것은 아니다. 자신의 음색으로 즐겁게 노래하고, 자신에 맞는 몸짓으로 흔들면 된다. 사람들은 당신이 가수가 아니라는 것을 알고 있다. 당신이 흥겹게 노래를 부른다면 상대가 즐거워할 것이다.

나는 노래를 잘 부르지 못한다. 트로트를 많이 알고 있지만 히트곡이 없다. 그러나 노래를 불렀다 하면 앵콜이 나온다. 네 곡까지 부른 적이 있다. 노래도 잘 부르고 기타도 잘 치며 작곡까지 하는 사람이 있다. 노래는 잘 부르지만 앵콜이 나오지 않는다. 그는 내가 앵콜을 받는 이유를 도저히 모르겠다고 했다. 사람들은 노래를 잘 부르는 사람보다 재미있게 부르는 사람을 더 좋아한다는 것을 그는 모르고 있는 것 같았다.

⦿ 웃음의 힘

화내는 대신 웃음으로

 작은 일에서 웃음을 찾아라. 마찬가지로 사소한 일로 화내지 말라. 인생은 사소한 것으로 이루어져 있다. 일상 속에서 화내는 대신 웃을 수 있다면 수양이 많이 된 것이다. 《오늘 눈부신 하루를 위하여》

삶에서 가장 큰 일은 태어나고 죽는 일이다. 그 사이에 일어나는 일은 사소한 일이다. 죽는 일만 아니면 대부분 어찌해볼 수 있는 일이다.

행복을 큰 일에서 찾으려면 일생 동안 몇 번이나 있을까? 나폴레옹은 여섯 번밖에 안 되었다고 하고, 헬렌 켈러는 "기쁘지 않은 날이 단 하루도 없었다."고 했다. 누가 더 행복한 삶을 산 것일까?

화를 내는 것은 상황 때문인가, 그에 대한 해석 때문인가? 삶은 상황보다 해석이 더 중요하다. 상황은 나와 관계없이 일어나는 것이고, 해석은 전적으로 나의 영역이다. 상황을 해석하는 것이 수양이고 인격이다.

웃음은 부적이다

나는 신이 인간에게 고난과 더불어 웃음을 주었다고 생각한다. 웃음은 고난이 나를 범하지 못하도록 하는 부적이다. 웃음은 우리가 이해할 수 없는 것, 불가해한 혼란, 혹은 부조리, 그리고 우리가 딛고 선 세상 자체에 대한 수용이다. 그것은 자신의 자식들이 지상에서 말도 안 되는 일을 벌이는 것을 보며 짓는 하느님의 미소이며, 동시에 신과 우리를 이어주는 유쾌한 통로이다.

《세월이 젊음에게》

즐겁기 때문에 웃지만 웃으면 즐거워진다. 행복도 어쩌면 즐거운 착각인지 모른다.

웃음은 즐거운 마음의 표현이지만 감정을 숨기는 가면이 되기도 한다. 냄비의 물이 끓어 넘치려고 할 때 뚜껑을 열면 내려가듯이 감정이 올라오려고 할 때 웃으면 내려간다. 타이밍이 중요하다. 일단 감정이 올라오면 늦다. 올라오려고 할 때 마음의 뚜껑을 열어야 한다. 그때 필요한 것이 웃음이다. 의도적으로 웃어도 효과가 있다. 어떤 표정을 지어야 할지 애매한 때에는 웃어라. 일단 웃으면 마음이 즐거워진다.

가장 좋은 화장품

얼굴은 표정을 담는 그릇이다. 그리고 표정은 감정을 비추는 거울이다. 얼굴보다 더 잘 그 사람의 속마음을 보여주는 것은 없다. 그러니 좋은 생각을 많이 하고, 좋은 감정을 많이 키워라. 그것은 일종의 정서적 운동이다. 비극을 극화시키지 말고, 나쁜 점을 과장하지 마라. 대신 삶의 기쁨이 인생을 환히 비추게 하라. 기쁨은 가장 좋은 화장품이요, 마음의 영양제다. 《세월이 젊음에게》

나이가 들수록 표정이 굳어지기 쉽다. 살아온 어두운 흔적이 얼굴에 남기 때문이다. 어렸을 때 웃을 일이 많아서 웃은 것이 아니듯이 나이가 들어서는 웃을 일이 없어서 웃지 않는 것이 아니다.

웃는 얼굴이 보기 좋다는 것을 알지만 의식하지 않으면 얼굴이 굳어진다. 웃을 때는 많은 근육이 움직여야 되고 에너지도 많이 드는 것도 있지만 마음이 굳어지기 때문이다. 그래서 사진을 찍을 때 '김치' '치즈' '하와이'라고 말해 웃게 만든다. 의도적으로 웃지 않으면 쉽게 웃음이 나오지 않는다. 많이 웃어라. 침울한 천사보다 웃는 악마에게 더 끌릴지도 모른다.

생각과 표정은 일치하려는 성질이 있다. 기쁨을 감추기도 어렵지만 억지로 기뻐하기도 어렵다. 생각이 즐거우면 표정도 즐겁고, 즐거운 표정을 지으면 생각도 그렇게 된다.

─────────── **많이 웃어라** ───────────

 많이 웃는 것은 누구나 할 수 있다. 그러니 많이 웃어라. 마음을 조금만
열어놓으면 작은 구멍으로 황소바람이 몰아쳐 들어오듯이 그렇게 웃음
이 찾아온다. 웃음이 그대를 찾아오면 세상은 달라진다.

웃음은 전염성이 강하다. 일상의 기분을 고양시키고 활력을 불어넣는다. 그리고
창조성을 높여준다. 기억하자. 행복은 행복한 사람만 전달할 수 있는 것이다. 행복
한 사람이 없는 행복한 사회란 없다. 당연히 행복한 직원이 없는 행복한 고객도 없다.

《나에게서 구하라》

웃음은 상대에 대한 친근감의 표시이며, 자신에 대한 긍정의 의
지일 뿐만 아니라 우울에 대한 강력한 백신이다. 행복은 습관이고
웃는 것도 습관이다. 습관이 되기까지는 의도적인 노력이 필요하
지만 습관이 되면 저절로 그렇게 된다. 자전거를 배우고 나면 넘어
지는 것보다 타는 것이 더 쉽고, 수영 또한 가라앉는 것보다 뜨는
것이 더 쉽다. 어떤 일이 습관이 되면 쉬워진다. 행복이 습관이 되
면 이유가 있어서 행복한 것이 아니라 그냥 행복하다. 웃음도 마찬
가지다. 웃는 것이 습관이 되면 행복도 일상이 된다. 80년을 살면
서 웃는 시간은 겨우 20일 뿐이라고 하니 씁쓸하다.

감사하는 삶

가진 것에 감사하는 삶

지금의 너, 그리고 네가 받은 모든 것들에 고마워해라. 갖지 못한 것에 대한 욕망으로 번민하지 말고 갖고 있는 것에 마음껏 감탄하고 이 축복을 만끽해라. 이 세상은 성취가 모자라는 것이 아니라 감탄이 모자라는 것임을 알게 될 것이다.

《나는 이렇게 될 것이다》

인간은 '소유와 존재' 사이에서 갈등한다. 운전을 하려면 가속 페달과 브레이크를 적절하게 사용해야 하듯이 삶은 만족과 욕망이라는 두 개의 마음을 적절히 조화를 시켜야 한다. 더 가지고자 하는 욕망과 질투심은 발전의 동력이 되기도 하지만 고통과 열등감을 가져오기도 한다.

영화 〈아마데우스〉에서 모차르트에 대한 열등감으로 괴로워하는 살리에리는 당시 세간의 찬사를 듣던 음악가였다. 베토벤, 슈베르트, 리스트는 어렸을 때 그의 지도를 받은 적이 있다. 그가 자신이 가진 것에 만족하며 살아도 충분히 부와 명성을 가지고 살 수 있었지만 모차르트의 천재성을 부러워하며 '욕망을 갖게 했으면 재능도 주셨어야지' 라며 신을 원망하며 살았다.

가진 것에 만족하는 마음은 행복을 가져온다. "무엇이든지 바라는 것을 내게 말해보라"고 말하는 알렉산드로스에게 "햇빛이나 가리지 말아주시오"라고 말한 디오게네스는 누구보다 행복하였지만 그렇게 살고 싶은 사람은 아마 없을 것이다. 가진 것에 감사하는 마음이 자신의 초라한 현실을 덮기 위한 정신승리법이 되어서는 안 된다.

루쉰의 소설 《아Q정전》의 주인공 찌질이 아Q는 길을 가다가 불한당에게 자주 맞았는데 그 때마다 '저 놈이 내 육체는 망가뜨렸지만 내 정신에는 아무것도 못했으므로 내가 이겼다'라며 육체는 패배하였으나 정신은 승리한 것이라고 애써 자기합리화를 하였다.

행복은 감사로만 오는 것이 아니라 욕망을 성취하는 과정에서도 온다. 밀림에서 밧줄을 타고 자유롭게 이동하는 타잔처럼 감사와 욕망, 두 개의 밧줄을 자유롭게 타며 살아갈 수는 없을까.

이유 없는 행복

 인간의 역사는 이유 있는 불행을 선택하는 쪽으로 진행되어 온 듯하다. 이유 없는 전쟁과 살육이 있었던 적은 한 번도 없었다. 그러나 어떤 싸움도 생명을 죽여야 할 만큼의 충분한 이유를 가진 적이 없었다. 그래서 인간은 모든 재앙의 원인이었다. 《오늘 눈부신 하루를 위하여》

톨스토이의 《안나 카레리나》는 첫 문장으로 유명한 작품이다.

"행복한 가정은 모두 고만고만하지만 무릇 불행한 가정은 나름나름으로 불행하다."

행복한 가정이 서로 닮았다면 이유와 특징이 없다는 것이다. 나도 행복할 때는 이유가 없었다. 맑은 날씨에도 행복했었고 비가 오거나 바람이 불어도 행복했다. 숨만 쉬어도 행복하고 새소리에도 행복했다. 반면 불행했을 때는 이유가 있었다. 힘든 일이 있거나 누군가와의 관계가 좋지 않았을 때가 그랬다. 지나고 되돌아보니 그 불행의 이유도 내 안에 있었다는 생각이 들었다. 행복도 불행도 나의 생각에서 온다는 것을 알았다.

감사의 행복

감사하며 살 수 있다면 좋은 인생 아닌가. 마지막 순간에 살 한 점 피 한 방울 남기지 않고 닳고 닳은 뼈와 질긴 가죽 달랑 하나 남기고, 새털처럼 가볍게, 바람에 날리듯, 편안한 비행을 할 수 있으면 참 괜찮은 인생 아닌가. 먼 길을 가야 하는 저승사자도 그 가벼움에 짐을 덜어 고마워할 것이다.

《오늘 눈부신 하루를 위하여》

인생은 누구나 자신의 교향곡을 쓰지만 언젠가는 미완성인 채로 떠난다. 미완의 작품이지만 예술성이 있는 것은 다른 사람들의 사랑을 받는다. 나의 작품이 언제 미완성으로 끝날지 알 수 없는 삶을 살면서 하루를 헛되게 보낼 수는 없다. 나로 인해 한 사람이라도 더 웃을 수 있고 행복할 수 있다면 기꺼이 하겠다. 지금, 내 앞에 있는 사람부터 먼저.

사부와의 첫 만남은 웃음으로 시작해서 많은 이야기를 한 후 웃으면서 헤어졌다. 그로부터 10년 후 마지막 만남은 그렇지 못했다. 나는 아무 말도 못하고 속으로 눈물을 삼키는데 사부는 가볍고 편안하게 보였다. 나도 이 세상에 올 때는 울면서 왔지만 갈 때는 웃으면서 가볍게 떠날 수 있을까?

운명과 행복

성공은 재능을 얼마나 많이 가지고 태어났느냐에 달려 있지 않다. 그것은 카드 게임과 같다. 패는 주어지는 것이다. 좋은 패도 있고 나쁜 패도 있다. 주는 대로 받을 수밖에 없다. 그러나 우리는 카드 게임에 참가한 플레이어로 주어진 패를 가지고 이기기 위해서, 혹은 즐기기 위해서 최선을 다해야 한다. 그것은 신의 영역이다. 그러나 받은 재능을 다 쓰고 가야 하는 것은 인간의 책임이다. 그리고 위대함이란 받은 탤런트의 크기가 얼마나 되었든 받은 만큼 다 쓰고 갈 때 찾아온다. 《깊은 인생》

인생은 흔히 '운칠기삼(運七技三)'이라 부른다. 내가 할 수 있는 것은 3할 뿐이며 7할은 나의 영역이 아니라는 것이다. 나는 운명을 믿지만 운명론자는 아니다. 사람은 태어나면서 큰 틀에서의 운명은 정해지지만 그 범위가 넓기 때문에 그 안에서 얼마든지 자신의 의지로 바꿀 수가 있다고 생각한다. 사람의 힘으로 할 수 있는 것은 최대한 이루도록 노력하고, 내 힘으로 어쩔 수 없는 것은 운명으로 받아들일 수밖에 없다.

삶은 여행이다. 여행이 즐거우려면 내가 서 있는 곳에서 즐겨야 하고, 인생이 행복하려면 내가 가지고 있는 것을 사랑해야 한다.

━━━━━━━━━━━━━━ 그날이 축제이기를 ━━━━━━━━━━━━━━

나는 내 마지막 날을 매우 유쾌하게 상상한다. 나는 그날이 축제이기를 바란다. 가장 유쾌하고 가장 시적이고 가장 많은 음악이 흐르고 내일을 위한 아무 걱정도 없는 축제를 떠올린다. 눈부시도록 아름다운 것은 단명한 것들이다. 꽃이 아름다운 것은 그래서일 것이다. 한순간에 모든 것을 다 피워내는 몰입, 그리고 이내 사라지는 안타까움, 삶의 일회성이야말로 우리를 빛나게 한다. 언젠가 나는 내 명함에 '변화경영의 시인'이라고 적어두려고 한다. 언제인지는 모른다. 어쩌면 그 이름은 내 묘비명이 될지도 모른다. 나는 내 삶이 무수한 공명과 울림을 가진 한 편의 시이기를 바란다. **《나는 이렇게 될 것이다》**

불꽃놀이에 환호하는 이유는 그 화려함과 짧은 순간의 아름다움에 있다. 벚꽃을 좋아하는 이유도 그와 같다. 서울 하늘에 벚꽃이 절정을 이룰 때 사부는 영혼의 고향으로 돌아갔다. 그 슬픈 소식만 없었다면 그해 봄도 아름다웠을 것이다.

사부는 자신의 마지막 날이 유쾌한 축제가 되길 바랐지만 그의 바람대로 되지 않았다. 우는 사람도 있었지만 좋은 분을 스승으로 모시고 배운 것을 위안으로 삼고 슬픔을 억누르는 사람이 더 많았다. '10년만 더 살았으면' 하는 바람도 있었지만 10년이나 배운 것에 감사하는 마음으로 차오르는 슬픔을 눌렀다.

다른 사람에 비추어 자신을 알려고 하지 않으면 행복하다. 다른 사람이란 결국 왜곡된 거울에 불과하다. 늘 자신에게 비추어 자신을 발견하려 하는 사람은 행복하다. 1년에 한 번쯤 흔들의자에 앉아 마치 다 산 것처럼 인생을 돌아보며 다음과 같이 질문할 수 있는 사람은 행복해질 수 있다. "나는 어떤 일을 이루고 싶었는가, 그리고 어떤 사람이 되고 싶었는가?" 이 질문에 답이 찾아지면 인생은 목표를 가지게 될 것이고, 결국 그 길을 갈 것이니 행복해질 수밖에 없다.

《나, 구본형의 변화 이야기》

행복을 소유에서 찾으려고 하면 결코 찾을 수 없다. 행복은 외부에서 찾는 것이 아니라 내부에서 찾아야 한다. 행복은 자신을 아는 것으로부터 시작된다. 우리가 불행한 것은 가진 것이 적어서가 아니라 지금 이 순간의 행복을 느끼지 못하기 때문이다.

살아있다는 것만으로도 감사하며, 새소리를 듣고, 꽃향기를 맡을 수 있는 사람은 행복하다. 어제의 나보다 더 아름다운 나의 모습을 볼 수 있다면, 내일이 오늘보다 더 나을 것이라는 희망을 가질 수 있다면 행복한 사람이다.

일상 속 보석

──────── 자발적 빈곤 ────────

 밭일을 하다 늦은 점심을 먹었습니다. 마침 모두 나가고, 아무도 없어 찬 잡곡밥 한 사발과 김치찌개 냄비 하나를 놓고 혼자 점심을 먹었습니다. 밥이 어찌나 맛있는지 아무 생각도 없습니다. 젊은 시절, 학교 앞에서 잠시 자취를 한 적이 있었습니다. 그때도 신 김치 한 사발 놓고 그렇게 맛있게 먹었던 것이 생각 납니다.

'자발적 빈곤'이라는 말이 떠오릅니다. 간단하면 건강한 것이며, 소박하면 마음 편한 것이며, 무엇이든 한두 가지로도 인생을 걸기에 충분할 수 있다는 생각이 들었습니다. 스스로 자초해야 개의치 않게 되고, 즐길 수 있게 되나 봅니다.

《일상의 황홀》

───────────────────────────

이 부분을 읽고 사부에게 집이 몇 평인지 물었고 사진을 하나 보내달라는 문자를 보냈다.

답장은 오지 않았다. 갑자기 《어린 왕자》에 "어른은 숫자를 좋아한다"는 말이 떠올랐다. 내가 어른이 되어가는 줄 알았는데 속물이 되어가고 있는 것 같아 부끄러웠다.

사부는 '자발적 빈곤'이라는 말을 자주 썼다. 이 말은 스티브 잡스가 한 'Stay hungry, stay foolish'와 비슷한 말이다. 돼지국밥 한 그릇을 먹더라도 소고기 사먹을 돈이 없어서 먹는 것과, 돼지국밥이 먹고 싶어서 먹는 것은 다르다. 자발적 빈곤을 자주 경험하는 사람은 실제 빈곤한 상황이 와도 힘들지 않을 것이고 과도한 욕망에서 벗어날 수 있을 것이다.

일상의 행복

잡초를 뽑을 때는 반드시 뿌리를 뽑아야 합니다. 가능한 한 뿌리에 근접한 아래쪽으로 깊숙이 손가락을 집어넣고 단단히 잡고 천천히 뽑아내야 합니다. 눈을 살짝 감는 듯하면서 손가락의 감을 즐겨야 합니다. 손맛이 낚시에 못지않습니다. 이 손맛을 모르면 잡초 뽑기는 그저 땡볕에 쭈그리고 앉아 땀을 흘리는 노역에 지나지 않습니다. 그것도 며칠 지나면 다시 해야 하는 피하고 싶은 노동이 되고 맙니다.

《일상의 황홀》

텃밭이나 정원을 가꾸면 잡초는 불가피하게 따라온다. 꽃을 즐기려면 잡초를 잘 관리해야 하지만 잡초 때문에 너무 스트레스를 받으면 꽃을 즐길 여유가 없어진다. 잡초를 가장 잘 뽑는 방법은 어릴 때 뽑는 것이고, 그 다음에는 즐겁게 뽑는 것이다. 비온 뒤에 뽑으면 더 좋다. 밑 부분을 잡고 천천히 당기면 잘 뽑힌다. 잘 안 되면

호미나 낫으로 뿌리를 파면서 천천히 뽑으면 손맛을 즐길 수 있다.

일상의 스트레스는 잡초와 같다. 잡초가 꽃을 잠식하게 해서는 안 되듯이 삶의 스트레스가 일상의 행복을 막아서는 안 된다. 한편 완전히 없어지지 않을 잡초를 뽑느라 꽃을 보지 못하는 우를 범해서도 안 된다.

공간의 행복

나는 하루를 숨 쉴 수 있는 작지만 아름다운 공간을 원해왔다. 나무가 있고 꽃이 있고 창문을 열면 신선하고 상쾌한 바람이 밀려드는 그런 공간을 원해왔다. 커다란 창이 있고 그 창 너머 하늘이 보이는 공간을 원해왔다. 그리고 마흔여덟에 북한산 아름다운 언덕 위에 내가 바라던 공간으로 이사 올 수 있었다. 나는 운이 좋았다.　　　　　　　　　　　　　　《나, 구본형의 변화 이야기》

사람은 환경의 동물이다. 사람은 집을 닮고 집은 사람을 닮는다. 나무를 심으면 그늘 아래 쉴 수 있고, 꽃을 심으면 꽃향기를 맡을 수 있다. 사부가 북한산 언덕 위로 이사 간 2년 뒤 나는 포항에 전원주택을 지었다. 아내가 텃밭이 있는 집을 원해서 집을 지었지만 사부의 영향도 있었던 것 같다. 처음에는 불편한 것도 많았고 할 일도 많았지만 다시 아파트로 가라고 하면 못 갈 것 같다. 무엇보다

대숲에 떨어지는 빗소리, 바람소리, 새소리를 들을 수 있어 좋고, 계절의 변화를 온몸으로 느낄 수 있어 좋다. 자연의 소리는 아무리 들어도 지겹지 않다. 밤에 아무 소리가 들리지 않을 때도 좋다.

느낌의 행복

 누구나 행복은 당연하고 자연스러운 것으로 생각한다. 그것은 건강과 같다. 건강하다는 것은 아무런 불편을 느끼지 않는 것이다. 그것은 무감(無感)의 상태이다. 건강한 사람은 숨쉬는 것을 의식하지 못한다. 그저 쉰다. 그러나 일단 탈이 나면 손에 박힌 가시 하나라도 우리의 신경을 집중하게 만든다.

《익숙한 것과의 결별》

고은의 짧으면서 긴 여운을 주는 시가 있다.

노를 젓다가 노를 놓쳤다
비로소 넓은 물을 돌아다보았다

물고기는 물 밖으로 나와야 물의 소중함을 알고, 사람은 물에 빠져야 공기의 소중함을 안다.

일상이 힘들더라도 지금 살아 있을 때, 다툴 때도 있지만 사랑하는 사람이 곁에 있을 때, 일이 힘들더라도 직장이 있을 때, 작은 것이라도 가지고 있을 때, 그 소중함을 느낄 수 있는 사람은 행복한 사람이다.

가지고 있을 때는 모르다가 잃은 후에야 비로소 소중함을 아는 것들이 있다. 티벳에 가기 전에는 숨 쉰다는 것을 당연하게 생각했다. 축구하다 다리를 다치기 전에는 두 발로 걷는 것이 당연하다고 생각했다. 회사를 그만두기 전에는 매월 25일은 당연히 돈이 들어오는 날이라 생각했다. 지금 당연하다고 생각하는 것들 중 앞으로 얼마나 많은 것들이 그렇지 않게 느껴질까? 없어진 후에 비로소 느끼는 것들, 당연하다고 생각하는 것들을 소중하게 느낄수록 행복한 사람이다. 사부가 계실 때는 막막할 때 전화할 수 있고, 추천사를 받을 수 있고, 가끔 여행도 같이 가고 소주도 한잔 할 수 있음을 당연하다고 생각했다. 가끔 넓은 물을 혼자 돌아다보는 기분이 들 때가 있다.

신을 만나는 장소

생명은 내면에 있다. 우리의 내면은 늘 신과 만나는 장소다. 신은 복잡한 곳에 있지 않다. 바다 위에 머무는 햇빛, 푸른 하늘을 흐르는 구름, 미풍 속의 나뭇잎, 그리고 그 바람, 시냇물이 흰 바위를 스치며 내는 소리, 계류가 흐르다 모여 이룬 소(紹) 속의 가을 물빛, 나뭇잎 하나와 거미줄 한 가닥에 매달린 작은 거미, 비 온 뒤 흙길 위를 천천히 움직이는 지렁이 한 마리는 신이 가장 머물기 좋아하는 장소들이다. 아니면 고추 몇 개가 곁들여진 싱싱한 상추 한 접시와 된장이 놓인 소박한 여름 점심상에도 신은 머문다.　《나, 구본형의 변화 이야기》

경주에 있는 기림사에 사부와 같이 간 적이 있다. 법당에서 사부가 삼배를 하였다. 천주교 신자라고 알고 있었는데 이상해서 물었다. 절에 가면 절의 법도를 따르고 성당에 가면 성당의 법도를 따른다고 하였다.

신은 우주의 어느 공간에 계시는 것이 아니라 인간의 마음속에 있다. 마음이 열려 있으면 신은 모든 곳에 있고, 마음이 닫혀 있으면 신은 어디에도 없다. 세상을 아름답게 보려면 마음이 열려 있어야 한다. 마음이 열리면 신의 손길이 미치지 않은 것이 없고 죽음조차도 신이 만든 작품이라는 것을 알게 된다. 죽음을 자연스럽게 받아들이려면 아직 공부가 더 필요하겠지만.

몰입하는 순간

몰입의 즐거움

적극적인 방법으로 자신의 취미를 추구하는 능동적 여가 활동은 인간에게 훨씬 더 많은 몰입의 즐거움을 경험하게 해준다. 능동적 여가는 아주 긍정적인 경험을 낳는다. 운동, 악기, 연주, 화초 가꾸기, 요리 등 좋아하는 일을 할 때 행복하고 의욕에 넘쳐나며 집중력이 높아진다. 행복은 몰입의 결과이다. 몰입한 상태에서는 내면의 상태를 음미할 수 없다. 따라서 행복한지 불행한지조차 알 수 없다. 경험의 다양한 차원이 밀도 있게 집약되면서 조화를 이룬다. 시간조차도 1시간이 1분처럼 지난다. 몰입의 상태가 끝났을 때, 그 일이 무엇이었던가를 되돌아보면서 우리는 행복할 수 있다. 《그대, 스스로를 고용하라》

책을 읽을 때는 그렇지 않지만 영화나 TV를 볼 때는 졸 때가 많다. 독서는 영화나 드라마를 보는 것보다 적극적인 활동이기 때문이다. 몰입은 고도의 집중이 필요한 활동이다. 몰입하고 있을 때는 자신의 존재를 잊기 때문에 시간의 흐름조차도 의식하지 못한다. 그때는 고통은 물론 행복도 느끼지 못한다. 최고의 경지다. 모든 수행자들이 추구하는 경지가 무아의 경지인데 몰입이 그러한 상태를 말한다. 축제가 끝난 뒤에는 허무가 밀려오지만 몰입이 끝난 뒤에는 행복이 밀려온다. 대중 속에 빠지는 것은 쉬우나 나 자신에게 빠져드는 것은 어렵다. 내 안으로 빠져드는 것이 몰입이다.

 몰입의 행복

행복을 원하지 않는 사람은 아무도 없건만 행복한 사람이 드문 것은 행복해지는 법을 알지 못하기 때문이다. 맑은 날 들판을 산책하듯 사는 사람은 행복하다. 어려운 일을 당하여 그 일의 밝은 면을 볼 수 있는 사람은 행복하다. 과거 속에서 아름다운 순간을 늘 떠올릴 수 있는 사람은 행복하다. 과일과 채소, 그리고 여러 곡물이 섞인 밥을 먹고 하루에 30분씩 운동하고 한 시간씩 햇빛을 쪼일 수 있다면 행복하다. 무엇인가를 할 때 다른 것을 계획하지 않고, 어떤 것을 계획할 때 다른 행위를 하지 않으면 순간에 몰입할 수 있다. 그리고 몰입된 순간순간을 살 수 있으면 행복하다. 《나에게서 구하라》

'아무 생각이 없다'는 말은 여러 가지 의미로 쓰이지만 '기분이 좋다' '더 이상 좋을 수가 없다'는 뜻으로 자주 쓰인다.

이 순간에는 '지금 여기' 외에는 어떤 생각도 들어오지 않는다. 짧은 몰입이며 행복한 순간이다. 일상에서 이런 순간이 많으면 행복한 사람이다.

삶에서 좋은 것은 저절로 생기지 않는다. 좋은 것은 배워야 알 수 있고 갈고 다듬어야 오래 빛난다. 사랑도 행복도 그런 것이다.

　삶은 항상 축제같이 즐거워야 되고 자신은 왕자나 공주같이 살아야 한다고 생각하는 사람에게는 일상이 무료하고 재미없겠지만 따뜻한 날이 있으면 추운 날도 있고, 비오는 날이 있으면 갠 날도 있다는 것을 알고 그런 것이 다 섞여 있는 것이 삶이라고 생각하는 사람에게는 일상이 축복이 된다. 내가 생각하는 행복의 비밀은 일상에서 좋은 일을 만들 수 있으면 만들고, 없다면 있는 것을 좋게 보는 것이다.

꿈

03

꿈을 꾸는 것은 현실을 그대로 받아들이지 않고 안주하지도 않고
가고 싶고 가야 할 길을 가는 것이다.

나는 어떤 꽃일까 ¶ 무모한 꿈 ¶ 가능한 꿈
보면 이루어진다 ¶ 꿈을 이루려면

씨앗은 꽃을 피우고 열매를 남기고 떠나는 것이 존재의 의미지만

모든 씨앗이 꽃을 피우는 것은 아니다.

시절인연을 만나지 못하여 피지도 못하고 사라지는 것들이 더 많다.

나는 어떤 꽃일까

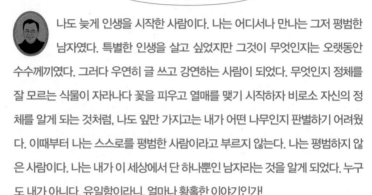

평범하지 않은 나의 정체

나도 늦게 인생을 시작한 사람이다. 나는 어디서나 만나는 그저 평범한 남자였다. 특별한 인생을 살고 싶었지만 그것이 무엇인지는 오랫동안 수수께끼였다. 그러다 우연히 글 쓰고 강연하는 사람이 되었다. 무엇인지 정체를 잘 모르는 식물이 자라나다 꽃을 피우고 열매를 맺기 시작하자 비로소 자신의 정체를 알게 되는 것처럼, 나도 잎만 가지고는 내가 어떤 나무인지 판별하기 어려웠다. 이때부터 나는 스스로를 평범한 사람이라고 부르지 않는다. 나는 평범하지 않은 사람이다. 나는 내가 이 세상에서 단 하나뿐인 남자라는 것을 알게 되었다. 누구도 내가 아니다. 유일함이라니, 얼마나 황홀한 이야기인가!

《나, 구본형의 변화 이야기》

나는 《익숙한 것과의 결별》을 보고 두 번 놀랐다. 한 번은 내용에 놀랐고 또 한 번은 그것이 첫 번째 책이라는 것에 놀랐다. 전에는 무엇을 하느라 책을 쓰지 않았을까? 사부는 자신이 글을 잘 쓴다는 사실 조차 모르고 있었다고 했다.

불교에서는 자기 안의 불성을 깨닫는 것이 성불이고 성불하면 부처가 되는 것이라고 한다. 모든 사람은 이미 부처이며, 그것을 알면 바로 부처가 된다.

사람에게는 신이 준 재능이 있는데 그것을 아는 것이 행복과 성공의 열쇠다. 사부는 늦게 찾았다지만 늦은 것이 아니다. 행운은 준비된 자에게서 꽃을 피운다.

제갈공명은 적벽대전에서 하나를 제외한 모든 것을 완벽하게 준비했다. 조조의 대군을 화공으로 물리치려면 동남풍이 필요했다. 제단(祭壇)을 만들어 바람이 불어오기를 기도했다. 마침내 기다리던 동남풍이 불어 조조의 대군을 무찔렀다. 외환위기가 사부에게는 동남풍이었다. 용이 구름을 만나 승천하듯이 준비된 자가 기회를 만나면 화려한 꽃을 피운다.

모두가 꽃을 피울 수 있다

 나는 조용한 선동가다. 모든 씨앗들에게 꽃을 피울 수 있다고 속삭인다. 그 꽃이 무슨 꽃인지는 피기 전에는 알 수 없지만, 자신의 꽃이 다른 꽃들과 다르기 때문에 아름답다는 것을 선동한다. 그리고 그 꽃을 피워내 이 세상에 그 꽃이 존재한다는 것을 알리는 것이 바로 삶이라고 선동한다.

《나, 구본형의 변화 이야기》

사부는 사람들에게 어제보다 더 나은 오늘을 살 수 있다고 했다.

자기답게 살아야 한다고 했고, 꿈이 간절하면 이루어지고 누구나 자신의 꽃을 피울 수 있다고 했다. 그의 책을 읽고 잘 나가던 회사를 그만두었다. 사부가 회사를 나와서 책을 쓴 줄 알았다. 첫 책이 나오고 3년 후에 IBM을 그만두었다는 것을 알고 약간 허탈했다. 그러나 돌이킬 수 없었다.

모든 씨앗이 꽃을 피우는 것은 아니다. 시절인연을 만나지 못하여 피지도 못하고 사라지는 것들도 많다. 씨앗은 꽃을 피우고 열매를 남기고 떠나는 것이 존재의 의미다. 나의 존재의 의미는 무엇이고 나의 꽃은 언제 피어날 것인가?

내 꽃도 한 번은

 인생 전체를 기획할 때는 영원히 살 것처럼 긴 안목으로 다가서고, 실천을 할 때는 오늘이 마지막 날인 것처럼 치열하게 매달려야 한다. 그리고 신념을 갖고 자신의 언어로 주술을 걸어야 한다. 내가 가장 좋아하는 평범한 사람들을 위한 주술. "내 꽃도 한 번은 필 것이다."
지금이어도 좋고 몇 년 뒤여도 좋다. 죽기 전까지 누구든 한 번은 그 시상대 한가운데에 설 수 있을 것이다. **《나는 이렇게 될 것이다》**

꽃은 존재의 의미고 사람은 의미의 존재다. 꿈은 자신의 색깔과

향기를 세상에 내어주는 것이고, 사람은 자신의 의미를 실현하면서 세상을 이롭고 향기롭게 하는 존재다.

가끔 나에게 물어본다.

"나의 꽃은 언제 피었는가?"

"나의 꽃은 언제 필 것인가?"

부처님의 손가락에서 3천 년에 한 번 핀다는 우담바라는 크지도 화려하지도 않다. 나의 꽃은 얼마나 화려해야 하는가. 내가 선 자리마다 꽃향기가 가득한데 다른 꽃을 찾으러 어디론가 떠나고 있지는 않은가.

내 꽃이 피었어도 좋고 아직 안 피었어도 좋다. 나무가 죽지만 않는다면 한 번은 필 것이다. 오늘도 언젠가 아름답게 필 나의 꽃을 생각하며 물을 준다.

사람은 모두 별이다

나는 간디나 체 게바라처럼 크고 빛나는 별이 아니다. 나는 작은 별에 불과하다. 그러나 '그 자리에서 빛나야 할 운명을 가진 별'이다. 사람은 모두 별이다. 자신의 내면에 커다란 빛을 품고 있으면서도 아직 때가 이르지 않아 장막으로 빛이 가려진 별들, 이 평범한 별들을 찾아 자신의 이야기를 창조해냄으로써 빛날 수 있도록 도와주는 별, 그 별이 바로 나임에 틀림없다. 《깊은 인생》

사람은 모두 별이다. 그러나 그렇게 생각하는 사람은 드물다. 사람은 모두 불성을 가지고 있다. 그러나 부처가 되려고 하는 사람은 드물다. 별을 보려면 어둠을 보아야 하고 물이 큰 힘을 발휘하려면 깊은 계곡을 만나야 한다. 캄캄하여 앞이 보이지 않는다면 자신의 별을 찾아야 한다. 의지할 곳이 없다면 스스로 강한 사람이 되어야 할 때이다.

인생은 일장춘몽이라지만 하나의 꿈을 이루기에는 충분히 길다. 내 가슴에도 별이 반짝였던 시절이 있었다. 초등학교 때 선생님이 장래 희망에 대해 물었다. 나는 "의사요!" 라고 대답했다. 교실 분위기가 진지해졌다. 선생님의 "어떤 의사?" 라는 말에 얼떨결에 "산부인과 의사요!" 라고 말했다. 순간 교실은 웃음바다가 되고 말았다. 그때 좀 더 진지했더라면 의사가 되었을지도 모른다.

나의 길을 간다는 것

자신의 길을 간다는 것은 엎어지고 자빠지며 그 길을 걷는다는 뜻이다. 어두운 숲 속에서 길을 잃고 헤맨다는 뜻이며, 나를 찾아가는 두려운 모험에 몸을 내맡겼다는 뜻이다. 아직 자신의 때는 오지 않았다. 세상에 내버려진 고독 속에서 내면으로부터 뭉글거리며 피어나는 의심과 싸워야 하고 타인의 냉소 속에서 견뎌야 한다. 긴 겨울이 찬바람과 함께 휘몰아쳐 온몸은 추위로 얼어붙는다. 그러나 담쟁이 잎처럼 견딘다. 《구본형의 신화 읽는 시간》

단테의 《신곡》은 지옥과 연옥과 천국을 거치며 신을 찾아가는 한 인간의 영적 순례기다.

이탈리아 문학에서 가장 뛰어난 작품이자 인류 문학사의 위대한 작품으로 평가받는 이 작품의 첫 문장은 이렇게 시작된다.

"우리 인생길 반 고비에 올바른 길을 잃고서 난 어두운 숲에 처했었네."

이 한 문장에 피렌체의 최고의 공직까지 올랐으나 정치적 격변으로 피렌체에서 영구 추방된 단테의 마음이 잘 나타난다.

자의든 타의든 인생의 중반에서 가던 길을 벗어난다는 것은 삶의 큰 변화이자 시련이다. 세상은 그대로인데 나만 바뀌었다는 사실이 희망보다는 두려움으로 다가온다. 어둠 속에서 길을 찾아보지만, 백척간두 앞에서 떨고 있는 자신을 발견하며 지나온 길을 돌아다보지만 돌아갈 수 없다.

인생 중반부에서 어려울 때 단테를 생각하며 위안과 희망을 얻었다. 단테에게 지옥부터 연옥까지 동행하며 길동무가 되어준 사람이 있었다. 고대 로마의 최고 시인 베르길리우스다. 그는 단테가 존경하는 시인으로 길을 안내하는 스승의 역할을 했다.

연옥의 맨 위층에 이르자 세례를 받지 않은 베르길리우스는 천국에 들어갈 수 있는 자격이 없어 헤어지고 말았다. 그 후에는 사랑하였지만 이루어질 수 없었던 비운의 연인 베아트리체의 안내를 받아 천국을 순례했다. 단테에게 베르길리우스가 있었다면 나에게는 사부가 있었다.

무모한 꿈

━━━━━━━━━━━━━━━ 불가능한 꿈을 꾸어라 ━━━━━━━━━━━━━━━

꿈에는 현실이 없다. 꿈을 꿀 때는 이루어질 수 없는 꿈을 꿔야 한다. 불
가능한 꿈을 꾸는 것, 그것이 꿈꾸는 자의 특권이다. 그래서 꿈은 우리가
계획한 것 중에서 가장 대담한 것이다. 분명한 것은 인류의 진보를 만들어낸 것은
바로 그 대담한 꿈을 꾼 사람들이라는 점이다.
《구본형의 필살기》

현재 사용하고 있는 물건이나 당연하게 받아들여지고 있는 사상
들이 처음부터 현실에서 받아들여진 것은 아니다. 모두가 현실주
의자였다면 현재 우리가 누리는 문명은 없을지도 모른다. 모두가
이상주의자였다면 인류가 멸망했거나 전혀 다른 세계에서 살고 있
을 것이다. 체 게바라가 말했다. "우리 모두 리얼리스트가 되자. 그
러나 가슴 속엔 불가능한 꿈을 가지자."

나는 사부의 '꿈 프로그램' 1기생이다. 자신이 가장 하고 싶은 일
과 가장 잘 할 수 있는 일, 그 일을 하면 신이 나는 일을 찾고 싶은
사람들의 꿈을 찾아주는 것이다. 이수하면 '꿈벗'이 된다.

첫 프로그램은 2004년 12월에 4박5일 일정으로 운영되었다. 10

년 후의 꿈을 3개 꾸었다. 하나는 60세까지 10권의 책을 쓰는 것이었다. 그때 나이가 45세였다. 60세까지 14권의 책을 썼다. 이루어지지 않은 꿈이 더 많았지만 중요한 것은 불가능할 것 같은 꿈이 이루어졌다는 것이다. 꿈을 꿀 때는 근거도, 자신감도 없었다. 그냥 희망사항이었을 뿐이다.

'10권의 책'을 말했을 때 다른 꿈벗들은 믿지 않았을 것이다. 사부는 믿었을까? 아마 처음에는 믿지 않았을 것이다. 세 번째 책을 썼을 때 "어당팔, 뚜벅뚜벅 걷는다"고 하면서 그때부터는 믿었을 것이다. 내가 흔들릴 때에도 나에 대한 그의 믿음은 흔들리지 않았다. 그런 힘으로 지금까지 쓰고 있다. 처음부터 불가능으로 받아들이고 시도해보지 않았다면 내 책은 없었을 것이다.

얕은 인생에서 깊은 인생으로

삶을 자신의 것으로 만드는데 성공한 인물들은 자신에게 최고의 선물을 주는 것을 최우선적 가치로 삼는다. 그것을 위해 현실의 위협에 대항한다. 뻔한 인생을 거부할 권리, 과거의 나를 죽일 수 있는 용기, 새로운 곳으로 떠날 수 있는 무모함이야말로 꿈이 이루어질 수 있는 조건들이다. 그때 그들은 삶을 재창조해내는 데 성공한다. 인생의 터닝 포인트에서 분명한 도약을 통해 얕은 인생을 건너 깊은 인생으로 들어서게 된다. 《깊은 인생》

예수는 갈릴리 호수에서 제자들에게 "깊은 데로 저어 나가서 그물을 내려 고기를 잡아라"고 했다. 《노인과 바다》에서 노인은 84일 동안 한 마리도 잡지 못하다가 85일째 되던 날 먼 바다로 나가 마침내 커다란 청새치를 낚았다.

더 깊은 곳으로 가는 것은 위험을 초래하지만 큰 것을 잡으려면 위험을 감수해야 한다. 오랫동안 빈 배가 되어보지 않고는 깊은 곳으로 들어갈 용기가 없다. 배가 비어 있는 데도 깊은 곳으로 들어가지 않는 것이 가장 위험한 행동이다. 나의 배가 비었다면 지금 이 순간을 터닝 포인트로 삼아라. 오늘이 '나의 85일째 되는 날'이다. 인생을 마무리하고 떠날 때는 누구나 빈손으로 떠나지만 나도 한때는 큰 고기를 잡았다는 추억을 가지고 떠나고 싶다.

방랑의 재발견

논리적이고 과학적인 사람들은 방랑을 이해하지 못한다. 그저 대책 없는 기이한 삶이라고 믿을지도 모른다. 그러나 방랑하는 동안 나는 신비할 만큼 유기적인 우연을 즐기게 되었다. 그것은 마치 나무가 자라는 것과 같다. 나뭇가지 하나가 어느 날 한 쪽에서 삐죽이 나오고, 다음에는 다른 쪽에서 나와 자라게 된다. 제멋대로 내버려두어도 나무는 훌륭하고 아름답게 자란다. 사람들이 기대하는 대로 살다 보면 오히려 일을 망치게 된다. 자신의 에너지가 움직이는 방향으로 빠져들어 지낼 일이다.

《깊은 인생》

물이 흘러가는 데도 에너지가 작용하듯이 마음도 우리의 욕망에 의해 움직이는 에너지다. 물이 흘러가다가 에너지가 변하면 금세 다른 쪽으로 흐르는 것처럼 욕망도 항상 변하기 마련이다.

삶은 끝없는 방랑이다. 방랑은 길을 잃은 것이 아니다. 더 좋은 길을 찾으려는 과정이다. 다니던 길만 다니는 사람은 다른 멋진 길을 모르고, 더 높은 곳을 보기 전에는 내가 높은 줄 알며, 더 나은 것을 보기 전에는 내가 잘 난 줄 안다.

하나의 길만 아는 사람은 방황하지 않는다
그 길이 유일한 길이라고 생각하기 때문이다
그가 다른 길도 있다는 것을
알게 되는 순간 방황하기 시작한다
방황은 헤매는 것이 아니다
더 좋은 길을 찾기 위한 과정이다
방황 후 길을 찾은 사람은
전과 같은 길을 걷지 않는다
그는 이제 다른 사람이 되어가고 있다

－자작시 〈방황〉

거슬러 오른다는 것

꿈꾸는 사람은 미래를 만들어낼 수 있다. 그렇지 못한 사람들은 다른 사람들이 만들어놓은 세상에서 불편을 하소연할 뿐이다. 그래서 법칙을 만들어내는 사람은 지배자이고, 그 법칙을 따라야 하는 사람들은 피지배자가 되는 것이다. 이것이 힘의 의미이다.

미래에 적응하는 가장 확실한 방법은, 스스로 미래를 창조함으로써 속박되지 않는 것임을 잊어서는 안 된다. 이것이 적응과 창조의 차이다. 그리고 동물과 인간의 다른 점이다.   《그대, 스스로를 고용하라》

연어가 강물을 거슬러 오르기 위해서는 혼신의 힘을 다해야 한다. 연어의 꿈은 알을 낳는 것이다. 안도현의 《연어》에는 "거슬러 오른다는 것은 지금 보이지 않는 것을 찾아간다는 뜻이지. 꿈이랄까, 희망 같은 거 말이야. 힘겹지만 아름다운 일이란다." 라는 말이 나온다.

산에 올라가본 사람은 안다. 정상이라는 것이 올라갈 때까지는 꿈이지만 오르고 나면 아무것도 아니라는 것을. 그래도 산에 오르는 사람의 꿈은 정상이다. 꿈을 위해 깔딱 고개 몇 개를 견디며 걷는다. 꿈을 이루기까지는 정상을 향하고, 꿈을 이룬 사람은 또 다른 정상을 꿈꾼다.

가능한 꿈

꿈에 갇히지 마라

열심히 바라면 이루어진다는 성공학자들의 말을 나는 조롱한다. 그들은 대부분 신통치 않은 예언가들이다. 근거 없는 이야기, 뿌리를 알 수 없는 낙관, 유치한 전개, 더덕더덕 기운 미덕과 잠언의 누더기로 치유가 아닌 잠시의 진통효과를 과장하는 시시한 돌팔이들의 이야기를 싫어한다. 내 말은 미래의 꿈 그 자체가 믿음을 통해 추억만큼 분명한 역할을 해줄 수 있다는 뜻이다. 사람들은 과거에 갇히는 것만큼 미래에 갇힌다. 추억으로서의 역사와 꿈이라는 소설은 둘 다 인생에 중요한 것이다. 《나, 구본형의 변화 이야기》

간절히 원하면 이루어질까? 우주가 내 마음을 알고 도와줄까? 원한다고 이루어지면 원하지 않을 사람이 없을 것이다. 기우제를 지낸다고 해서 비가 오는 것이 아니다. 올 때까지 지내는 것이 기우제다.

간절히 바란다고 이루어지는 것이 아니다. 행동해야 이루어진다. 기도는 신의 마음을 나의 소망대로 바꾸는 것이 아니다. 바람이 이루어질 때까지 노력을 하라. 그게 아니라면 소망이 이루어지지 않아도 받아들일 수 있는 지혜를 가져라. 우주가 나의 마음을 알아서 움직이는 것은 아니다. 다만 간절히 원하는 사람은 스스로 움직여 자신의 목표를 향해 갈 뿐이다.

━━━━━━━━━━━━━ 현실적인 꿈 ━━━━━━━━━━━━━

 '지금 이곳'에 있는 우리는 가능한 꿈을 꾸어야 한다. 가능한 꿈을 꾸는 현실주의자, 나는 이것을 희망적 현실주의자라고 부른다. 이런 사람들의 특징은 꿈으로 가는 길을 내일로 미루지 않는다. 그리고 결코 내 앞에 놓인 냉혹한 현실을 망각하지 않는다.   《나, 구본형의 변화 이야기》

모든 꿈은 처음에는 비현실적으로 보인다. 처음부터 가능하게 보이면 그건 꿈이 아니라 현실적인 계획이다. 꿈은 비현실과 현실의 모순 속에서 이루어진다. 꿈을 꾸는 것은 머리가 아니라 가슴이다. 가슴이 뜨겁지 않으면 꿈이 아니다. 하지만 꿈을 이루는 것은 차가운 머리다. 강철이 불과 물의 모순을 견디면서 강해지듯이 꿈은 뜨거운 가슴과 차가운 머리의 불협화음 속에서 꽃이 핀다.

사부는 현실을 무시한 채 꿈을 좇는 제자들에게 4가지를 물었다.

첫 번째, 자신의 얼굴이 될 만한 것을 가지고 있는가?

두 번째, 고객에게 감동을 준 적이 있는가?

세 번째, 자신의 전문성을 입증할 만한 무엇을 가지고 있는가?

네 번째, 자신의 일을 효율적으로 수행할 만한 human network을
가지고 있는가?

그리고 이렇게 말했다.

"이 4가지 질문에서 2가지 이상 답을 할 수 없다면 떠나지 마라.
떠나더라도 직장(현장) 속에서 답을 찾은 후 떠나라. 그 답을 찾지
않고 막연하게 떠나면 위험하다."

회사를 떠나기 전에 이 질문을 나에게 했다면 떠날 수 있었을까?

시간을 돌린다해도

 내 삶을 이대로 놓아둘 수 없다. 그저 되는 대로 살다 다시 이 어리석음
이 행성의 공전처럼 반복되게 할 수는 없을 것이다. 좋아하여 여러 번 읽
게 되는 책처럼 2천500만 년이 지난 후 다시 돌아오게 될 반복된 인생을 기다릴
수 있도록 내 인생은 아름다워져야 하는 것이다. 내 삶을 돌려놓아야 한다. 아름답
고 다시 기다려지는 삶으로 되돌리지 않으면 안 된다.   《낯선 곳에서의 아침》

누구나 한 번쯤은 '시간을 되돌릴 수 있다면……' 하고 생각한

다. 우리가 과거로 돌아갈 수 있다면 지금보다 훨씬 잘 할 수 있을까?

삶은 업, 즉 살아왔던 습성을 바꾸지 않으면 다시 산다고 해도 바뀌지 않는다. 지금 이 순간에도 어제와 같은 생각, 같은 행동을 하고 있지 않은가? 내일도 오늘과 마찬가지일 것이다.

《이반 오소킨의 인생 여행》이라는 책이 있다. 실패로 얼룩진 삶을 산 한 남자가 인생을 다시 산다면 결코 똑같은 삶을 살지 않겠다며 마법사를 찾아간다. 마법사는 그에게 지금의 기억을 모두 가지고 그때로 돌아가 인생을 다시 살게 한다. 그는 과거와 다른 삶을 살게 되었을까?

그는 같은 잘못은 아니지만 비슷한 다른 잘못을 다시 저질렀고, 계속 일을 그르치며 후회하는 삶을 살았다. 업을 바꾸지 않는 한 삶이 바뀌지 않는 것이다. 전에 커브에 속았다면 지금은 빠른 직구에 속아 안타를 치지 못했다.

돌이킬 수도 없는 시간을 돌이키려는 대신, 지금 이 순간을 다시 수없이 반복한다고 해도 후회하지 않을 만큼 아름답게 살아야 한다. 이는 니체의 '영원회귀' 사상의 핵심이기도 하다.

보면 이루어진다

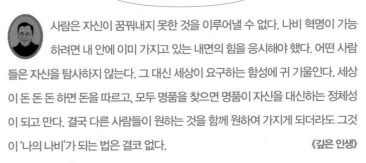

내 안의 나비를 찾아라

사람은 자신이 꿈꿔내지 못한 것을 이루어낼 수 없다. 나비 혁명이 가능하려면 내 안에 이미 가지고 있는 내면의 힘을 응시해야 했다. 어떤 사람들은 자신을 탐사하지 않는다. 그 대신 세상이 요구하는 함성에 귀 기울인다. 세상이 돈 돈 돈 하면 돈을 따르고, 모두 명품을 찾으면 명품이 자신을 대신하는 정체성이 되고 만다. 결국 다른 사람들이 원하는 것을 함께 원하여 가지게 되더라도 그것이 '나의 나비'가 되는 법은 결코 없다. 　　　　　　　　　　《깊은 인생》

"왔노라, 보았노라, 이겼노라!"

이 유명한 말은 고대 로마의 영웅 카이사르가 적을 무찌르고 원로원에 보낸 승전보이다.

다른 사람들은 '이겼노라'에 방점을 찍지만 나는 '보았노라'에 방점을 찍는다. 애벌레는 나비 꿈을 꾸지 않아도 나비가 될 수 있지만 사람은 꿈꾸지 않으면 그렇게 되지 않는다. 꿈꾼다는 것은 미리 보는 것이다. 그냥 보는 것이 아니라 생생하게 보는 것이다.

꿈은 보이는 것을 보는 것이 아니라 보이지 않는 것을 보는 것이다. 보면 믿게 되고 믿으면 이루어진다. 카이사르가 그냥 이긴 것이 아니라 보았기 때문에 이긴 것이다.

사부는 낮에 꾸는 꿈을 강조하고 낮에 꿈을 꾸는 자가 되라고 했다. 건강, 돈, 행복, 명예, 가족, 사랑과 같이 다른 많은 사람들이 원하는 것은 자신의 꿈이 아니다. 그것은 모두의 꿈이다. 나만의 색깔과 소리를 보고 들을 수 있어야 한다. 그것이 나의 꿈이며 이번 생에서 꼭 이루어야 할 일이다.

내 인생의 각본

자신을 가지고 위대한 이야기를 쓰지 못한다면 누구도 자신의 무대를 가질 수 없다. 역할이 없는 배우, 인생에서 통렬한 똥침을 날리는 대화 한 마디 할 수 없는 벙어리, 어느 한 사람하고도 목숨을 건 사랑과 우정을 만들어내지 못하는 졸렬한 인생, 밥을 찾아 스스로 목에 사슬을 거는 개. 만일 우리 스스로 자신을 위한 신화 한 편을 쓰지 못한다면 결국 자신이 열연해야 할 인생이라는 무대는 없다. 《깊은 인생》

인생이 한 편의 소설이라면 작가와 주인공은 나 자신이다. 운명이라는 것이 있는지 없는지는 중요하지 않다. 내가 내 인생의 각본을 쓰고 내가 쓴 각본대로 내 인생을 연기하는 것이다. 각본의 길이는 내 마음대로 못하지만 내용은 내 생각대로 할 수 있다.

내 각본에는 슬픔보다 기쁨을 더 많이 쓰겠다. 나 스스로 만족하지 못하는 각본은 다른 사람을 만족시킬 수 없다. 누구에게나 재미있게 이야기할 수 있는 단골메뉴를 몇 개 더 만들겠다.

마음의 눈으로 보아야

 화가들은 '눈이 보지 못하는 것은 손으로 그려 낼 수 없다'는 사실을 안다. 화가뿐 아니다. 작가의 경우도 마찬가지다. 끊임없이 사람을 관찰하는 것이야말로 작가의 필수적인 자세다. 그리하여 그들은 사람과 사물에 깃들어 있는 놀랍고도 의미심장한 아름다움을 감지해낸다. 《세월이 젊음에게》

《어린 왕자》에 이런 말이 나온다. "가장 중요한 것은 눈에 보이지 않아. 마음으로 봐야 보인다."

마음의 눈으로 보면 소중한 것이 보이며, 보이면 그릴 수 있다. 육체의 눈은 렌즈일 뿐이며, 미켈란젤로의 손은 머리로 그린 것을 만들어내는 도구에 불과할 뿐이다. 그가 머리로 그릴 수 있었던 것은 당시 최고의 인문학자들과 함께 생활하며 깊은 인문학적 소양을 갖추었기 때문이다. 시스티나 성당의 천장 그림은 성서의 내용을 완벽하게 이해하지 못하면 손재주만으로는 도저히 그릴 수 없는 작품이다.

꿈을 이루려면

매일 하라

자나 깨나 로또를 바란다면 이루어지지 않을 것이다. 내가 나에게 줄 수 있는 선물이 아니기 때문이다. 자나 깨나 신에게 기도한다면, '기도가 이루어지게 행동하라'는 답을 얻게 될 것이다. 신이 우리에게 꿈을 주었으니, 우리의 의무는 몸을 움직여 그 일을 매일 하는 것이다.

그러면 우리가 바라는 사람이 되어 있을 것이다. 나는 이 건강한 방정식을 의심하지 않는다.

《나는 이렇게 될 것이다》

꿈을 꾸고 노력하는 것은 사람의 일이지만 그것이 이루어지게 하는 것은 하늘의 일이다. 순자는 "군자는 자신에게 있는 것을 공경하고 하늘에 속한 것을 사모하지 않는다. 이와 달리 소인은 자신에게 있는 것을 버려두고 하늘에 속하는 것을 사모한다."라고 했다.

'이룬 꿈'은 매일 생각하고 땀을 흘린 것들이다. '이루지 못한 꿈'은 생각만 하고 매일 하지 않았던 것들이다. 꿈은 매일 생각하고 행동할 때 이루어지는 것이다. 그래도 이루어지지 않는다면 하늘에 속한 것이라 생각하라.

━━━━━━━━━ **하루를 바꾸어라** ━━━━━━━━━

하루를 바꾸지 못하면 혁명도 없다. 자신만의 하루를 만들어내지 못하면 자신의 세계를 가질 수 없다. 만일 하루를 춤추듯 보낼 수 있으면 행복한 것이다. 매일 그럴 수 있으면 자신의 행복을 찾은 것이다. 그것은 늘 자신을 행복하게 하는 새로운 방식을 찾아가는 끝없는 여정이다. 그러므로 우리는 늘 길 위에 있다. 한 곳에 짐을 풀고 편히 쉬더라도 그것은 길 위에서의 숙박이다.

《나, 구본형의 변화 이야기》

하루는 삶의 기본단위다. 밥 세끼를 먹으면 지나가는 짧은 시간이지만 수많은 사건이 일어나고 역사가 이루어진다. 삶을 잘 살기 위해서는 '오늘 하루'를 잘 보내야 한다. 우리는 늘 오늘을 살고 있다. 내일은 게으른 자들의 핑계를 위한 가상의 시간이다. 담배를 끊는 것도 오늘, 사랑을 하는 것도 오늘, 헬스와 다이어트를 하는 것도 오늘만 할 수 있다. 아름다운 내일을 만들기 위해서는 아름다운 오늘을 만들어야 한다. 꿈을 이루려면 나의 시간부터 바꾸어야 한다. 삶은 시간 속에서 흘러가는 작은 사건들의 합이다. 시간을 바꾸지 않으면 삶이 바뀌지 않는다.

중요한 것을 미루는 것은 불행한 사람들의 공통점이다. 바쁘다는 것 속에 모든 것을 묻어두는 사람은 어리석은 사람이다. '지금' 마음의 밭을 파헤쳐 잊고 있었던 욕망이라는 작은 도토리를 찾아내라. 주눅 들고, 삶에 지쳐 피곤한 당신의 무관심 속에서 빼빼 말라 시든 꿈의 원형을 찾아내라. 아직 살아있을 것이다. 심어라. 그리고 농부처럼 키워라. 또한 언젠가 스스로 농부가 키운 훌륭한 한 그루의 나무가 될 수 있을 것이다. 《낯선 곳에서의 아침》

농부는 언제 무엇을 심고 어떻게 키워야 할지 알고 있다. 자신이 무엇을 수확하고 싶은지 알고 씨를 뿌린다. 바쁘다고 파종을 미루는 농부는 없다.

꿈의 씨앗을 뿌리는 것이 중요하다는 것을 알지만 우리가 행동하지 못하는 데는 이유가 있다. 내가 원하는 것이 무엇인지 모르고 수확의 시간까지 치러야 할 시간과 노력이 두렵기 때문이다.

농부는 알고 있다. 씨앗을 뿌린다고 다 열매를 맺지 않는다는 것, 오뉴월 땡볕을 견뎌야 하는 것을 말이다.

모든 꿈이 다 이루어지는 것은 아니다. 수많은 알들 중 일부만 커서 돌아오는 연어처럼 이루어지는 꿈은 일부에 불과하다. 그러나 그 일부가 인생 전체를 빛나게 한다.

마흔 살은 당나귀의 삶이다. 젊은이들의 자유를 포기한 채 두 어깨에 가
득 짐을 지고 홀로 사는 짐승이 된다는 것은 즐거운 일이 아니다. 그러나
이런 이행을 거부한다는 것은 또 다른 어려움을 자초하는 것이기도 하다. 어떤 사
람들은 여전히 위대한 화가나 음악가가 되고 싶어 하기도 하고, 백만장자의 꿈을
버리지 못한다. 아니면 아직 해보지 못한 아름다운 사랑을 완성해보고 싶어 한다.
그러나 이것은 환상일 뿐이다. 꿈을 실현하기 위해 구체적인 노력을 하는 사람들
은 아주 소수에 불과하기 때문이다. 《나, 구본형의 변화 이야기》

새장 안의 새는 자유를 그리워하고, 새장 밖의 새는 먹이를 그리
워한다. 나는 마흔 살에 먹이를 버리고 자유를 찾으러 새장을 떠났
다. 먹이인줄 알고 먹으려다 미끼인 줄 알고 놀란 적이 한두 번이
아니었다. 배고픈 자유는 자유가 아니었다. 그러나 한 번 자유를 맛
본 새는 다시 새장 안으로 들어갈 수 없다.

《어린 왕자》에 내가 좋아하는 구절이 있다.

"너의 장미꽃이 그토록 소중한 것은 그 꽃을 위해 네가 공들인
그 시간 때문이야."

쉽게 이루어지면 꿈이 아니다. 세상에 공짜는 없다. 꿈을 현실로
만들어주는 것은 꿈에 쏟은 땀과 눈물의 양이다.

나 0

4

나 자신을 아는 것은 이 세상을 아는 것만큼 중요하지만
이것만큼 어려운 것도 없다.
나의 몸은 하나지만 내 안에는 또 다른 내가 있다.
나를 비추는 거울이 너무 많아 어떤 모습이 진짜 모습인지 알기 어렵다.
"너 자신을 알라"고 말한 소크라테스는 자신을 알았을까?
'자신이 아는 것이 없다'는 것을 아는 것 외에 또 무엇을 알았을까?
모두에게 맞는 신발이 없듯이, 모두에게 맞는 철학은 없다.
나다운 삶을 살아가려면 나를 알아야 하고 나의 철학이 있어야 한다.

나 자신 ¶ 내가 주인이다 ¶ 특별한 나의 인생
나다운 삶 ¶ 세상을 보는 태도

철학은 거창한 게 아니다. 세상을 살아가는 자신의 방식이다.

누군가를 닮기는 쉬워도 나 자신으로 살아가는 것은 어렵다.

비교를 하면서도 비굴해지지 않고 오만해지지 않는 법을 배워야 한다.

겉으로 드러난 나와 내면의 나 사이의 조화로운 관계가 필요하다.

세상과 함께 살아가는 것이 삶이지만

그 속에서 나를 잃지 않고 살아가야 하는 것이 아름다운 삶이다.

고독은 나를 괴롭히는 것이 아니라 나를 살아있게 한다.

고독과 친구가 되어야 한다. 무서운 것과 친구가 되면 무서운 힘을 발휘한다.

: 나 자신

───── 그릇의 크기 ─────

사람은 일종의 그릇이다. 태어날 때 그 그릇의 크기와 모양이 결정되어 있는 초벌구이 같은 것이다. 인생을 살면서 우리는 그 그릇을 몇 번 다시 가마에 구워 쉽게 깨지지 않도록 단련하고, 좋아하는 색깔로 채색하며, 일상의 손때를 묻혀 훌륭한 자기로 완성해 가는 것이다. 작고 정교한 그릇에 많은 음식을 담을 수 없고, 세숫대야에 음식을 담아 내오지 않는다. 모두 그 쓰임에 맞아야 한다. 자신의 적합한 쓰임새를 찾는 것이 세상에 자신을 내보이려는 사람이 가장 먼저 생각해야 하는 과제다. 타고난 모양대로 그 용도에 맞는 가장 훌륭한 그릇으로 자신을 다듬어 가야 그 인생이 아름답다. 사람에게는 자신만의 길이 있게 마련이다.

《사람에게서 구하라》

사람은 종종 그릇으로 비유된다. 태어날 때 그릇의 크기와 모양이 결정되어 있다는 사부의 말은 현실적이다. 나는 공자의 군자불기(君子不器)라는 말을 더 좋아한다. 군자는 한 가지 용도로 사용되는 그릇이 아니라는 말이다.

태어날 때 크기와 모양이 결정되는 것이 아니라 진흙 형태로 태어나서 환경과 교육에 의해 만들어지는 것이라 생각한다. 쓰임이

라는 것은 내가 결정하는 것이지 정해진 것이 아니다. 병모양의 그
릇이 있다면 술을 좋아하면 술병으로, 꽃을 좋아하면 꽃병으로 쓸
것이다.

나만의 유일함은 무엇인가

자신이 어떤 사람인지 알아내라. 무슨 일을 하든 자신에게 맞는 방식을
찾아내는 사람만이 차별적 가치를 만들어낼 수 있다. 자신만의 유일함
을 가지지 못하면 대중 속에 묻히고 만다. 지금은 별들의 시대다. 자신을 재료로 신
화를 만들어내야 하는 작은 영웅들의 시대다. 소시민의 울타리에 갇히지 마라.

《일상의 황홀》

나를 아는 것이 가장 어렵다. 우리의 오감은 모두 밖을 향해 있기
때문이다. 나 자신을 아는 게 쉬운 일이라면 "너 자신을 알라"고 한
소크라테스의 말이 어찌 명언이 되었겠는가?

어쩌면 나 자신이 가장 먼 타인인지도 모른다. 나를 안다는 것은
단순히 과거의 경험과 현재의 모습만으로는 부족하다. 이것은 표
층적인 앎이며 나를 더욱 심층적으로 알기 위해서는 존재의 의미
를 알아야 한다. 삶의 의미가 바로 우리가 앞으로 어떻게 살 것인가
를 결정짓는 소중한 키워드가 된다.

내가 어떤 사람인지 알고 싶으면 하루 종일 가장 많이 생각하는 것이 무엇인지 살펴보면 된다. 에머슨은 "그가 하루 종일 생각하고 있는 것, 그 자체가 그 사람이다." 라고 했다. 내가 어디에 많은 에너지를 쏟고 있는지, 내 마음이 어디로 흐르고 있는지가 중요하다.

내가 바로 부처

기독교에서는 하나님의 왕국은 그대 안에 있다고 말한다. 이슬람교는 자기 스스로를 알고 있는 사람은 자신의 신에 대해 알고 있는 것이라고 말한다. 불가에서는 그대가 바로 부처라고 가르친다. **《낯선 곳에서의 아침》**

마음을 다스려 행복한 삶을 살고 죽음을 두려워하지 않게 하는 것이 종교의 궁극적인 목표일 것이다. 천국이 있고 내세가 있다고 말하는 것은 한 번 뿐인 삶을 사는 인간을 위로하기 위한 것일지도 모른다. 어떤 길로 가든, 어떤 것을 믿든 자신을 알고 마음을 다스릴 수 있으면 그것이 행복으로 가는 길이다.

스마트폰이 출시될 때 운영 소프트웨어가 있어 마음대로 사용할 수 있듯이 사람도 기본 프로그램이 있어 그 안에 신의 뜻이 다 들어 있다. 내 마음을 보는 것이 신의 모습이고, 내 안의 음성이 신의 음성일지도 모른다.

자기도 모르는 자신을 추적하여 찾아가는 길은 멀고 험하다. 그 길에서 만나는 무수한 자아에 감탄하고, 스스로 펼쳐지는 가능성에 놀라워하는 삶이면 좋겠다. 매일 살아있음으로 기뻐하고 매일 새로운 자신을 창조해낼 수 있다면 더할 나위 없이 재미있는 인생일 것이다. 그런데 그렇게 하지 못할 이유가 어디 있단 말인가!

《구본형의 신화 읽는 시간》

내 안에는 두 개의 내가 있다. 하나는 알 수 있는 나, 다른 하나는 알 수 없는 나다. 나 자신을 찾아간다는 것은 두 번째의 나를 찾아가는 것이다. 자신이 자신을 찾는 것은 아이를 업은 사람이 아이를 찾는 것과 같다.

자각몽이라는 것이 있다. 자고 있는 사람이 스스로 꿈이라는 것을 자각하면서 꿈을 꾼다면 무서워하지도, 놀라지도 않을 것이다. 아이를 찾는 사람이 아이를 업고 있다는 것을 자각만 하여도 쉽게 찾을 수 있는데 그 자각이 어려운 것이다.

간절하면 언젠가 찾게 된다. 정상에 오르는 것도 중요하고 그 과정도 중요하다. 나를 찾지 못할지라도 그 여정에서 더 많은 소중한 것을 찾을 수 있다.

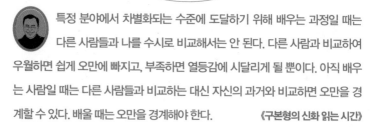

비교 불가한 나

특정 분야에서 차별화되는 수준에 도달하기 위해 배우는 과정일 때는 다른 사람들과 나를 수시로 비교해서는 안 된다. 다른 사람과 비교하여 우월하면 쉽게 오만에 빠지고, 부족하면 열등감에 시달리게 될 뿐이다. 아직 배우는 사람일 때는 다른 사람들과 비교하는 대신 자신의 과거와 비교하면 오만을 경계할 수 있다. 배울 때는 오만을 경계해야 한다. *《구본형의 신화 읽는 시간》*

아무 것도 모를 때보다 조금 알 때 오만해지기 쉽다. 좀 더 많이 알게 되면 겸손해진다. 내가 아는 것보다 모르는 영역이 더 많고 세상에는 고수들이 많다는 것을 알게 되기 때문이다.

대나무숲 속의 소나무가 대나무를 의식하지 않는다면 대나무보다 더 크게 자라지 못한다. 비교하는 것은 어쩔 수 없다. 나보다 더 뛰어난 사람과 비교하지 않았다면 어떻게 지금의 내가 있었을까. 힘들고 초라하게 느껴질 때 나보다 힘든 사람을 생각하지 않았다면 어떻게 견뎌냈을까.

비교를 하면서도 비굴해지지 않고 오만해지지 않는 법을 배워야 한다. 겉으로 드러난 나와 내면의 나 사이의 조화로운 관계가 필요하다.

내가 주인이다

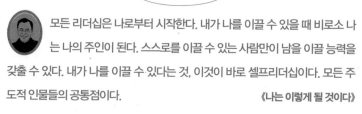

나의 주인은 나

모든 리더십은 나로부터 시작한다. 내가 나를 이끌 수 있을 때 비로소 나는 나의 주인이 된다. 스스로를 이끌 수 있는 사람만이 남을 이끌 능력을 갖출 수 있다. 내가 나를 이끌 수 있다는 것, 이것이 바로 셀프리더십이다. 모든 주도적 인물들의 공통점이다.   《나는 이렇게 될 것이다》

고등학교 때 영어 책에 나오는 이 말을 좋아했다.

"I am the master of my fate, I am the captain of my soul."

- 나는 내 운명의 주인이요, 나는 내 영혼의 선장이다.

주인이 있는 집에는 함부로 들어갈 수 없듯이 주인으로 사는 사람에게는 함부로 대하지 않는다. 그런 사람은 다른 사람들의 시선을 지나치게 의식하지 않는다. 다른 사람의 생각은 의견일 뿐 거기에 흔들리지 않는다. 내가 판단해서 선택하고 스스로 책임지면 된다. 자신이 선택한 일이 잘못되어도 다른 사람을 탓하지 않는다.

평범한 사람과 비범한 사람이 따로 있지 않다. 그들은 같은 사람이다. 달라진 것이 있다면 인생에 대한 태도뿐이다. 내가 아닌 남이 되는 것을 포기하는 그 순간부터 우리는 승리하기 시작한다. 비범한 사람은 자신의 체험으로부터 배운다. 자신의 재능을 알아내는 순간부터 그들은 화려하게 변신한다.

자기가 모든 근본적인 변화의 시작이다. 돈에 투자하면 딸 때도 있고 잃을 때도 있다. 그러나 자신에게 투자하면 절대로 잃는 법이 없다. 《그대, 스스로를 고용하라》

특출한 능력은 타고나야 한다. 소수의 사람만이 그런 복을 누릴 수 있다. 대부분 사람들의 능력은 비슷하다. 비슷한 능력이라면 태도가 경쟁력이다. 무슨 일을 해도 안 되는 사람이 있다. 그것은 일의 문제가 아니라 태도의 문제다. 무슨 일을 하느냐 보다 어떻게, 즉 어떤 태도로 하느냐가 더 중요하다.

태도가 달라지면 눈빛이 달라지고 생각의 깊이가 달라진다. 태도가 바뀌면 말이 달라지고, 말이 달라지면 행동이 달라진다. 능력을 타고나는 것은 자신의 의지대로 되는 것이 아니지만 태도는 자신의 의지로 바꿀 수 있다. 그런 사람은 다른 운명의 길을 걷는 것이다.

변화의 핵심은 새로운 상황을 만들어내는 것이다. 새로운 상황을 창조함으로써 스스로 그 주인이 되는 것이다. 성공할 때도 있고 실패할 때도 있다. 중요한 것은 주체적인 자기로서 살 수 있다는 것이다. 신이 허락한 대로.

《떠남과 만남》

현재 내 모습은 부모로부터 받은 유전적인 요소와 환경적인 요소 그리고 내 선택이 만들어낸 결과물이다. 타고나는 것은 어쩔 수 없지만 환경과 선택은 내 의지로 바꿀 수 있다.

성격도 어느 정도는 바꿀 수 있다. 어렸을 때 나는 내성적인 내 성격이 싫었다. 주는 것은 좋아해도 뭔가를 빌리거나 싫은 소리는 하지 못했다. 바꾸려고 노력하니까 어느 정도 가능했다. 원래 유비 같은 성격이었다. 살면서 그의 우유부단함이 싫었다. 삼국지를 여러 번 읽으면서 조조에게 포커스를 두었다. 필요할 때에는 조조같이 할 수도 있게 되었다.

누군가를 닮기는 쉬워도 나 자신으로 살아가는 것은 어렵다. 내 색깔을 가지되 하나의 색깔로 살아가는 게 좋은 것은 아니다. 두 개의 카드로 상황에 맞는 카드를 낼 수 있어야 한다.

특별한 나의 인생

나에 대한 사랑

어떤 일을 하든 자신에 대한 사랑을 잊어서는 안 된다. 다른 사람이 우리를 잊을 때도 있다. 그러나 자신은 스스로를 잊어버려서는 안 된다. 다른 사람이 우리에게 무능력하다고 말할 수도 있다. 그러나 우리는 자신에게 그렇게 말해서는 안 된다. 스스로를 보호하고 격려해줄 사람은 바로 자기 자신이기 때문이다.

《그대, 스스로를 고용하라》

가끔 나약한 생각이 들 때는 이렇게 생각해본다.

'나는 우주 속의 작은 먼지에 불과하지만 살아있는 동안 세상의 중심은 나 자신이다.

나의 사랑은 미약하지만 누군가에게는 큰 힘이 될 수 있다.

나보다 더 뛰어난 사람도 많지만 그에게 없는 것이 나에게 있다.

오늘의 모습이 나의 전부가 아니다. 내일은 오늘보다 더 아름다운 내가 될 것이다. 나는 그 누구도 아닌 나로 살고 싶다.

다시 태어난다고 해도 지금의 나로 태어나고 싶다.

다시 살 수 있다고 해도 지나온 삶을 그대로 살고 싶다.'

자신을 세상에 알리고 싶은 사람은 가장 중요한 본질적 속성을 통과해야 한다. 자신의 인생 자체가 베스트셀러여야 한다. 특별해야 한다는 뜻이다. 따라서 '남들처럼 하면 중간은 간다'는 처세론을 믿고 있다면 이미 마케팅에서 실패한 것이다. '나의 인생'이라는 매력적인 스토리가 없는 것이다. '특별해져라, 차별적이 되라' 만이 자신에게 들려줄 시가 되어야 한다. 대중이 가지 않는 길, 그 길만이 대중적인 길이 될 수 있다는 것, 이 패러독스가 개인 마케팅의 전제다. 유명해지고 싶다면 자신의 길을 가라, 이것이 공식이다.   《나는 이렇게 될 것이다》

내 삶이 한 권의 책이라면 어떤 책을 만들 것인가?

나는 우선 많은 사람들이 찾는 책이 될 것이다. 베스트셀러보다는 오래 기억되는 책이 되고 싶다. 독자에게 삶의 지혜와 기쁨을 주는 책이 될 것이다. 너무 빨리 읽고 마는 책이 아니라 조금씩 천천히 읽는 책이 될 것이다. 좋은 곳은 밑줄을 치게 될 것이고 한참 지나면 다시 펼쳐보고 싶은 책이면 좋겠다.

표지는 양장이 아니라도 좋고 제목으로 튀고 싶지는 않지만 기억하기 좋은 제목이었으면 좋겠다. 내용도 중요하지만 중간중간 재미있는 책이 되고 싶다. 처음보다 뒤로 갈수록 재미가 더하면 좋겠다. 좋은 책이면 좋겠지만 그보다는 나를 닮은 책이기를 바란다. 내가 책을 만들었지만 내 책이 나를 만들기를 바란다.

남이 만들어주는 대로 살아서는 안 된다. 삶은 스스로 만들어가는 것이다. 어느 누구도 자신의 위에 놓아서는 안 된다. 우리는 아이를 위해 희생하는 어머니가 될 수도 있다. 그러나 이것 역시 선택이어야 한다. 아이의 선택이 아니라, 어머니의 선택이어야 한다. 이때 우리는 종속되어도 기쁠 수 있다. 희생의 의미를 알기 때문이다. 자신을 사랑하지 않고는 다른 사람을 사랑할 수 없다.

《낯선 곳에서의 아침》

나 자신을 사랑한다는 것은 삶의 주인으로 사는 것이다. 삶의 주인으로 산다는 것은 내 생각대로 사는 것이다. 자신의 생각이 없으면 남이 생각하는 대로 살아야 한다. 스스로 길을 만들 수 없으면 남이 만든 길을 갈 수밖에 없다. 남이 만들어주는 대로 사는 것이 편안하면 그렇게 살아도 된다. 내가 선택한 길은 고통이 있더라도 참을 수 있다.

물론, 다른 사람의 말을 잘 듣는 것도 중요하다. 받아들일 수 있으면 충고도 받아들여야 한다. 그러나 최종 결정은 내가 해야 한다.

내가 좋아하는 영어 문장이 있다.

"The ball is in your court."

결정권은 너에게 있다는 말이다.

내 코트에 있는 공을 남에게 맡길 수는 없다.

나의 이야기

자신의 인생을 이야기할 수 있어야 한다. 자신의 삶을 소설이라 생각하라. 삶을 소설처럼 사는 것은 흥미롭다. 주변에서 생기는 크고 작은 일들을 소설가가 이야기를 꾸며가듯 그렇게 재구성해보라. 다만 고통과 불행을 극화시키지 말고, 행복과 기쁨을 증폭시켜 자신의 인생 이야기가 봄처럼 웃게 만들어라.

《나에게서 구하라》

삶은 스토리텔링이다.

누구나 자신의 삶을 한 편의 소설로 쓸 수 있는 재료를 가지고 있다. 다만 그것을 써내려가는 재능이 부족할 뿐이다. 누구나 굴곡이 없는 삶을 바라지만 스토리텔링에는 굴곡이 있어야 쓸 재료가 많아진다.

매일 평범한 일상으로는 소설이 되지 않는다. 변사또가 없었다면 춘향이가 없었고, 노인이 바다에서 상어를 만나지 않았다면《노인과 바다》는 없었다. 고난을 일부러 만들 필요는 없지만 자신이 고난을 겪고 있다면 슬퍼하거나 피하려고 하지 말라. 고통은 시간이 지나면 대부분 사라진다. 그래도 남아있다면 함께 가거나 극복해야 하는 것들이다.

가장 재미없는 사람은 다른 사람의 이야기를 하는 사람이다. 듣는 사람은 재미가 하나도 없는데 혼자 떠드는 사람이다. 그런 사람은 자신의 이야기가 없다. 오래 산다고 해서 할 이야기가 많아지는 건 아니다. 하루하루를 삶으로 채우는 사람이 있고, 똑같은 하루를 매일 반복하는 사람이 있다.

남자들이 군대 이야기를 주로 하는 것은 현재 자신의 스토리가 없기 때문이다. 군대 이야기는 자신의 이야기지만 스토리가 아니다. 스토리가 되려면 상대의 관심을 끌 수 있어야 하고 그 속에 자신이 있어야 한다. 너무 뻔한 것은 스토리가 아니다.

향기 있는 꽃에 나비가 날아오고, 향기 있는 사람에게 사람이 모여든다. 사부에게는 100명의 연구원과 400명의 꿈벗 그리고 100만 명의 독자가 있다. 그의 향기를 찾아, 그의 이야기가 좋아 모여든 사람들이다. 모두 그의 글과 말을 좋아하고 삶을 닮아가고 싶어 하는 사람들이다.

나는 삶을 연극에 비유하는 것을 싫어한다. 삶은 연극이 아니다. 우리는 극장 안의 배우도 관객도 아니다. 배우란 짜여진 배역에 따를 뿐이다. 다른 사람의 시나리오대로 움직이는 배역은 결국 내가 아니다. 극본과 연출, 그리고 배역까지 맡아야 비로소 삶으로 비유될 수 있다. 《나, 구본형의 변화 이야기》

삶에서 정해진 것이 없다는 것, 있다고 하더라도 그것을 알 수 없다는 것이 우리를 불안하게 하지만 한편으로는 희망이기도 하다. 큰 틀에서 운명은 있겠지만 나에게 주어진 틀의 범위가 넓기 때문에 그 안에서는 내 의지대로 살 수 있다.

삶을 마감할 때 내가 할 수 없었던 것을 후회하는 게 아니라 할 수 있었는데 하지 못한 것을 후회한다. 내 운명은 내가 만든다고 생각하고 하나씩 이루어가는 것이 좋은 삶이라 생각한다. 신의 각본이 있다고 하더라도 상세하게 써주지 않았을 것이다. 얼마든지 애드리브로 할 수 있다. 정해진 각본보다 이것이 더 재미있다.

⋮ 나다운 삶

◀─── 나의 길을 걷는다 ───▶

때가 되어 자신이 누구인지 알게 되면 두려워하지 말고 그 길을 걸어라. 정말 하고 싶은 일이 있다면 그 일을 해라. 정말 잘 할 수 있는 일을 찾으면 망설이지 마라. 떨리는 가슴으로 그 일을 선택하고 전력을 다하라. 매일 그 일 때문에 웃고 울어라. 그 일을 하며 사는 것이 얼마나 축복받은 것인지 알게 될 것이다.

《세월이 젊음에게》

익숙한 길은 편안하지만 한 번도 가지 않은 길은 두렵다. 사부는 익숙한 것과 결별하라고 했다.

낯선 길은 설레면서도 두려웠다. 가슴 뛰는 일도 있었고 가슴 아픈 일도 있었다. 냉탕과 온탕을 자주 오갔다. 새로운 일을 하면서 웃을 때도 있었지만 남모르게 울 때도 많았다.

회사 다닐 때는 스트레스로 편두통이 있었다. 회사를 나온 후 편두통은 나았지만 가끔 잘 때 식은땀을 흘린다. 《난중일기》에 충무공도 자면서 식은땀을 흘리는 장면을 떠올리며 위안으로 삼았다.

어떤 길을 선택하든 고난은 있다. 다만 내가 선택한 길을 사랑하며 가는 것이 중요하다. 그런 사람이 오래 간다.

커다란 톱니바퀴에 물린 작은 톱니바퀴에게 느림이란 없다. 느림은 큰 톱니바퀴만이 즐길 수 있는 것이다. 산업화 시대의 효율성이라는 덫에 걸린 사람들에게 느림이란 가당찮은 것이다. 오직 톱니에게서 풀려나 자신의 속도로 움직이는 것이 가능한 사람들에게만 느림은 창조적 에너지로 작용한다. 휴가조차도 전투적으로 보내야 하는, 짧은 휴가밖에 가질 수 없는 사람들에게 느림은 너무도 멀리 있다. 《오늘 눈부신 하루를 위하여》

《어린 왕자》에 갈증을 없애주는 약을 파는 장사꾼 이야기가 나온다. 일주일에 한 알씩 먹으면 물을 마시고 싶지 않게 되는 알약이었다. 장사꾼은 그 약으로 매주 53분씩 시간을 절약할 수 있다고 했다.

어린 왕자가 물었다.

"그 53분으로 뭘 할 건데요?"

장사꾼이 말했다.

"하고 싶은 걸 하지……."

어린 왕자는 생각했다.

'만약 내게 53분이 주어진다면 난 샘이 있는 곳을 향해 천천히 걸어갈 텐데…….'

남자들은 군대에서 '빨리빨리'를 배운다. 밥은 10분 만에 먹어야 하고, 샤워는 5분 만에 끝내야 한다. 말도 꼭 필요한 말만 간단명료하게 한다. 그렇게 절약한 나머지 시간은 축구를 하고 나머지 시간은 빨리 제대하기를 손꼽아 기다린다. 제대 후에는 군대에서 축구한 이야기를 하느라 많은 시간을 보낸다. 그렇게 살면서 평균적으로 여자보다 6년 빨리 죽는다.

나다운 삶

날마다 같은 삶을 살아가지만, '내가 없는 삶'을 살아야 하는 저주처럼 끔찍한 것이 있을까! 무엇이 되어, 무엇을 하다 죽으면 가장 자기다운 것인지 찾아 헤매지만 결국 알지 못하고 '아무것도 아닌 사람' 으로 죽는 경우가 부지기수다. 그래서 인간은 누구나 정체성의 문제를 안고 있다. 삶이란 결국 자신의 정체성, 즉 자신의 진짜 이름을 찾아가는 기나긴 모험인 것이다. 삶의 모험이 없는 자, 아무도 아닌 자로 살 수밖에 없다. 《구본형의 신화 읽는 시간》

나는 직장인으로 평생 살아가는 것이 싫었다. 일 속에는 내가 없었다. 지금 나는 작가다. 유쾌한 삶 연구가이자 유머 사상가를 꿈꾸고 있다. 내가 먼저 즐겁고 나로 인해 다른 사람들이 즐겁게 살아가길 바라며, 책과 강연도 여기에 맞춰져 있다.

일상에서 무엇을 하든지 즐거워야 된다는 것이 나의 지론이다.

나로 인해 다른 사람이 조금이라도 행복하다면 나의 기쁨이다. 한 직장에서 평생을 보내는 것도 의미 있는 일이지만 인생을 반쪽만 사는 것이 아닐까. 삶이 여행이라면 한 곳에서 대부분의 시간을 보내는 것은 바람직하지 않다.

남과 다른 무언가를 가졌는가

 나는 나답게 살고 싶었다. 그래서 나다운 것에 천착했고 매달렸다. 니체가 말한 '거리에 대한 파토스(pathos of distance)'를 추구했다. 이것은 차이에 대한 열정이었다. 차이는 다름이다. 그것은 다른 것, 다른 사람의 것을 자신의 것과 구별짓는 다름에 대한 열정이다. 내가 남과 다르다는 것은 어설픔과 비난의 대상이 아니라 자랑스러움과 긍정의 표상이다. 자신을 다른 사람과 더 다르게 만들려는 열정이다. 더 많은 차이를 만들기 위해, 차이를 끊임없이 생산하기 위해 노력한다. 《나, 구본형의 변화 이야기》

파토스는 니체 이전에 아리스토텔레스가 먼저 말했다. 그는 《수사학》에서 상대를 설득하기 위한 세 가지 요소를 제시했다. 바로 파토스, 로고스, 에토스다. 이것은 각각 열정, 논리, 인격이다.

니체가 말한 파토스는 열정 또는 감정이다. '거리의 파토스'는 저속한 것과 거리를 두고자 하는 열정이나 감정이다. 니체는 가장 고귀한 인간을 초인이라 하였고, 가장 저급한 인간을 최후의 인간이라고 했다. 초인이 되고자 하는 사람은 최후의 인간을 멀리한다. 니체가 말한 최후의 인간은 인간 말종에 국한한 것이 아니라 개성이 없는 인간, 즉 군중심리에 빠져 자신의 생각이 없는 사람까지 포함하였다.

고귀한 인간은 자신의 가치와 존재의 이유를 아는 사람이다. 그런 사람은 자신을 함부로 다루거나 다른 사람들이 자신을 그렇게 대하는 것을 허용하지 않는다.

세상을 보는 태도

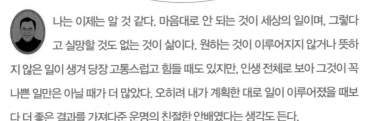

뜻대로 안 되어도

나는 이제는 알 것 같다. 마음대로 안 되는 것이 세상의 일이며, 그렇다고 실망할 것도 없는 것이 삶이다. 원하는 것이 이루어지지 않거나 뜻하지 않은 일이 생겨 당장 고통스럽고 힘들 때도 있지만, 인생 전체로 보아 그것이 꼭 나쁜 일만은 아닐 때가 더 많았다. 오히려 내가 계획한 대로 일이 이루어졌을 때보다 더 좋은 결과를 가져다준 운명의 친절한 안배였다는 생각도 든다.

《구본형의 신화 읽는 시간》

세상은 내 마음과 상관없이 흘러간다. 내 마음대로 될 수도 있고 안 될 수도 있다. 세상이 내 마음대로 흘러가길 바라는 것은 이기적일 뿐만 아니라 자의적이다. 세상이 흘러가는 원리를 알고 나를 알면 뜻을 이룰 수 있다. 그러나 세상을 아는 것도, 나를 아는 것도 어렵다. 그렇다 보니 마음대로 안 되는 일이 많은 것이 당연하다.

관계에서도 내 마음대로 안 되는 것이 많다. 가족이 그렇다. 특히 배우자와의 관계에서 마찰이 많다. 가장 마음대로 안 되는 것이 내 마음이다. 이 모순과 역설을 이해하고 극복하는 것이 초인의 길이 아닐까.

어린아이였을 때 우리는 우리의 눈으로 세상을 보았다. 그때 세상은 빛나는 호기심이었다. 그리고 그 후 우리는 다른 사람의 눈으로 세상을 보게 되었고, '나'는 아무것도 아닌 군중 속의 한 사람이 되어버렸다. 30대에는 30평, 40대에는 40평의 아파트에 살아야 하는 대열 속에 끼지 못하면 초라한 인생이 되고 마는 것이다. 의사가 되어 돈을 벌고, 변호사가 되어 절박한 서민의 억울함을 수입의 원천으로 삼아야 잘난 사람이 되고 말았다. 지금 이 고리를 풀지 못하면 우리는 이 오리 떼 속에서 영원히 '오리가 되지 못하는 오리'가 되고 말 것이다.

《익숙한 것과의 결별》

"어린아이는 남이 존재한다는 것을 깨닫는 순간부터 이미 어린아이가 아니다."

막스 뮐러의 《독일인의 사랑》에 나오는 말이다. 냇가의 조약돌이 처음부터 둥근 것이 아니었다. 수많은 세월 동안 물결이 그렇게 만들었듯이 순수한 눈으로 세상을 바라본 어린아이의 순수함과 개성은 자라면서 세파에 씻기고 남을 의식하면서 평범하게 된다. 남들처럼 생각하고 남들처럼 행동하는 것이 가장 쉽다는 것을 알면서 자신의 빛을 잃어간다. 자신의 욕망보다는 사회가 인정하는 길을 걷는다.

세월이 많이 흐른 후에 자신의 내면과 만나면서 방황하고 진정한 자신을 찾으려고 해보지만 그때도 주위를 둘러보고 그렇게 노력하는 사람이 없다는 것을 알고 다시 대중 속으로 돌아온다. 이것이 우리의 삶이다.

고독을 이기는 힘

 다른 사람들이 다 가는 큰 길을 가는 대신 자신의 오솔길을 헤쳐갈 때의 두려움과 외로움이 바로 자기를 혁신하려는 사람들이 마주치게 되는 고통인 것이다. 그래서 자기혁명가는 자기 안에 자신만의 신을 받아들일 수밖에 없다. 그 신의 이름을 뭐라 부르든 신의 법칙과 자신의 법칙을 동일시하는 것, 이것이 고독을 이기는 힘이 되기 때문이다. 그렇게 홀로 신의 비호를 받으며 자신의 길을 간다. 그리고 승리한다. 《구본형의 신화 읽는 시간》

나는 안전한 길을 거부하고 길 없는 길을 선택했다. 그렇게 결심하기까지는 사부의 영향이 컸다. 꿈을 갖는 것은 가슴 설레는 일이지만 두려운 일이기도 하다. 한 번 꿈을 가진 사람은 원래대로 돌아가지 못한다. 꿈이 자신을 유혹하기 때문이다. 혼자 가는 길에는 고독이 필연적으로 따라온다. 고독은 이기거나 벗어나는 것이 아니다. 공기처럼 항상 느끼며 같이 사는 것이다. 고독은 자신을 힘들게도 하지만 그 때문에 더욱 강해지고 깊어진다. 고독과 친구가 돼라.

무서운 것과 친구가 되면 무서운 힘이 발휘된다.

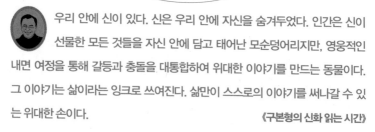

내 안에 있는 신

우리 안에 신이 있다. 신은 우리 안에 자신을 숨겨두었다. 인간은 신이 선물한 모든 것들을 자신 안에 담고 태어난 모순덩어리지만, 영웅적인 내면 여정을 통해 갈등과 충돌을 대통합하여 위대한 이야기를 만드는 동물이다. 그 이야기는 삶이라는 잉크로 쓰여진다. 삶만이 스스로의 이야기를 써나갈 수 있는 위대한 손이다.

《구본형의 신화 읽는 시간》

사는 것이 힘들 때 신을 찾는 사람이 있고, 자신을 찾는 사람이 있다. 어디에서 찾으나 마찬가지다. 왜냐하면 신은 모든 곳에 있기 때문이다. 신은 우리에게 모든 것을 숨겨두었다. 어떤 것을 찾아내는가는 자신에게 달렸다.

자신을 안다는 것은 설계자의 의도를 아는 것이다. 신이 인간을 만들 때 자신의 형상대로 만들었기 때문이다. 자신 안에서 신성(神性)을 발견하고 자신 안에서 불성을 찾은 사람은 땅위에서 살지만 천국이나 극락에서 사는 것과 같다. 내 안에서 신을 찾은 사람은 신의 왕국이 내 안에 임하는 것이고, 내 안에서 불성을 찾은 사람은 이미 부처다.

자신의 철학을 만들어라. 철학이 없으면 앞으로 나타나는 숱한 갈림길을 골라 갈 수 없다. 철학이란 세상과 나에 대한 '나의 생각'이다. 이해(利害)를 따르지 말고 자신의 철학이 길을 밝히는 등불이 되도록 해라.

자신이 어떤 사람인지 알아내라. 무슨 일을 하든 자신에게 맞는 방식을 찾아내는 사람만이 차별적 가치를 만들어낼 수 있다. 자신만의 유일함을 가지지 못하면 대중 속에 묻히고 만다. 지금은 별들의 시대다. 자신을 재료로 신화를 만들어내야 하는 작은 영웅들의 시대다. 소시민의 울타리에 갇히지 마라. 《나에게서 구하라》

철학이 꼭 거창한 것은 아니다. 생각하며 사는 것이다. 자신을 생각하고 자연과 사람을 생각하며 사는 것이다. 모두에게 맞는 신발이 없듯이, 모두에게 맞는 철학은 없다. 먼 길을 가려면 나에게 맞는 신발이 필요하듯이, 나다운 삶을 살아가려면 나의 철학이 있어야 한다. 나의 철학이 있으면 흔들릴 때 부화뇌동하지 않고 나에게서 답을 찾을 수 있다.

철학이 삶을 부유하게 만들지는 못하지만 삶의 의미를 갖도록 해준다. 철학을 가진 사람은 고통을 겪더라도 그 속에서 의미를 찾고 더 나은 사람이 되려고 한다.

책 05

책을 읽으면 동서고금의 현자들을 만날 수 있다.

젊어서는 많은 책을 읽는 게 중요하지만

나이가 들어서는 좋은 책을 여러 번 읽는 것이 더 중요하다.

깊게 파려면 넓게 파야 하듯, 많이 읽어야 좋은 책을 알아보는 안목이 생긴다.

다른 사람의 글을 많이 읽다 보면 나의 글을 쓰고 싶은 마음이 생긴다.

글이 모이면 책이 되고 책을 쓰면 작가가 된다.

말은 잘 하는데 쓰는 것을 두려워하는 사람들이 있다.

처음부터 잘 쓰려고 하면 시작할 수 없다.

먼저 생각하고 쓰는 것이 순서지만 일단 쓰면 생각이 난다.

왜 읽는가 ¶ 어떻게 읽을 것인가
왜 쓰는가 ¶ 어떻게 쓸 것인가
창조적 글쓰기 ¶ 책이 흔들리는 시대

쓰기는 고치는 작업이다.

불필요한 내용은 빼고 부족한 것은 더 채워 넣기를 반복하면서

글이 탄탄해지고 깊어진다.

사람이 책을 만들지만 책이 사람을 만들기도 한다.

스마트폰의 등장으로 책이 밀리는 시대가 되었지만

가치는 조금도 줄지 않았다.

폰에서는 스피드와 정보를, 책에서는 깊이와 지혜를 찾는

조화로운 삶이 필요하다. 검색도 중요하지만 사색이 더 중요하다.

검색은 생활을 편리하게 하지만 사색은 삶을 더 풍성하고 깊게 한다.

왜 읽는가

> ## 잃어버린 마음을 찾기 위해
>
> 맹자는 책을 읽는 것을 "잃어버린 마음을 찾는 일"이라고 말했다. 주자는 "도리란 이미 자기 자신 속에 갖추어져 있는 것이니 밖에서 첨가될 수 없다" 라고 했다. 독서의 길은 자기 속에 이미 있었으나 잃어버린 마음을 찾는 것이다. 마음을 거두어들이지 못한다면 책을 읽어 무엇을 하겠는가?
>
> 《오늘 눈부신 하루를 위하여》

동서고금의 수많은 선지자들이 마음의 정체를 알기 위해 노력했다. 6년간 수행 끝에 깨달은 사람이 석가모니 부처다.

마음은 내 것인가? 내 안에서 일어나는 것이지만 내 것이 아니다. 나를 가장 괴롭히는 것도 내 마음이고 나를 가장 위로하는 것도 내 마음이다. 마음이란 내 것인 것 같지만 우주의 원리가 내 안에서 작동하는 것이지 내 것은 아니다. 나의 의지와는 상관없이 일어나고 있다. 때로는 우주처럼 커지고 때로는 좁쌀보다 작아진다.

맹자는 책을 읽으며 잃어버린 마음을 찾았을 것이다. 주자도 도를 자신 안에서 찾았다. 마음 안에 우주의 원리가 있다.

저자와 함께하는 여행

책을 읽는 것은 저자와 함께하는 여행이다. 마치 붉고 정정한 적송(赤松)들이 즐비한 오솔길을 산책하는 듯하고 대숲이 우거진 암자에 앉아 바람을 쐬는 것 같다. 천천히 책 속으로 걸어 들어가면 상쾌하고 시원하다. 그것은 깊은 여행이다. 그와 나 혹은 그녀와 나만의 매우 은밀하고 비밀스러운 여행이다. 여행이 그 정도는 되어야 함께했다 할 수 있을 것이다. **《오늘 눈부신 하루를 위하여》**

책은 저자와 함께 떠나는 여행이다. 책을 읽으면 2,500년 전의 노자, 장자, 공자도 불러내어 가르침을 받을 수 있다. 단테가 《신곡》에서 베르길리우스와 베아트리체를 불러내어 지옥과 천국을 여행하였듯이 같이 여행하고 싶은 사람이 있으면 누구나 불러내어 함께 여행하는 것이 독서다.

나는 사부와 함께 책으로, 실제 여행을 하면서 고수의 내공을 느꼈다. 꽃길을 걸으면 향기가 머리를 즐겁게 하고, 편백나무 숲을 걸으면 피톤치드가 머리를 맑게 하듯이 사부와 함께 여행하면 내 안의 나를 만나게 된다. 어제보다 더 아름다운 오늘을 살고 싶은 욕망도 함께 올라온다.

어떻게 읽을 것인가

많이 읽어라

많이 읽어라. 젊은 사람들은 특히 많이 읽어야 한다. 일 년에 1백 권정도 읽으면 아주 많이 읽는 것이다. 이런 사람은 독서광이다. 50권정도 읽으면 일주일에 한 권을 읽는 것이니 꽤 많이 읽는 편이다. 24권정도 읽으면 2주일에 한 권을 읽는 것이니 적당하다. 보통 사람도 그 정도는 읽을 수 있다. 12권을 읽으면 적게 읽는 편이고, 그보다 더 적게 읽는 사람이 있다면 배우는 데 게으른 사람이다. 이런 사람에게는 얻을 것이 없다. 《오늘 눈부신 하루를 위하여》

책은 한 사람의 세계다. 책을 펼치는 순간 한 사람의 세계로 들어가는 것이다. 고수의 세계로 들어가면서 고수의 품격을 느낌과 동시에 자신의 한계를 느낀다. 한계를 느낀 만큼 자신의 세계가 넓어진다. 지금까지 보지 못한 세계를 보는 눈을 가지게 된다.

책은 호수다. 답답할 때 책을 펼치면 마음이 안정된다. 책을 펼치는 것은 낚싯줄을 던지는 것이다. 잔잔하던 호수에 파문이 일어나면서 입질이 온다. 온몸이 떨리는 짜릿함을 느낀다.

책은 잘 익은 과일이다. 잘 익은 과일을 한 입 베어 먹으면 달콤한 과즙이 입 안 가득 퍼지듯이 향기가 온몸에 퍼진다.

책 속에 길이 있지만 그 길에 인적이 드물고

책 속에 보물이 있지만 그 보물을 캐는 사람이 적다

책 속에 향기가 가득하지만 그 향기를 즐기는 사람이 귀하고

책 속에 현인이 있지만 사람들은 멀리서만 찾는다

- 자작시 〈책 속의 행복〉

자세히 읽어라

글을 볼 때 이해한 곳에서 다시 읽어나가면 더욱 오묘해진다. 작가의 언어는 꽃밭과 같다. 멀리서 바라보면 모두 좋게 보이지만, 분명하게 좋은 것은 가까이 다가가서 봐야 보인다. 공부는 자세히 보는 것이다. 책을 읽는 것에 지름길은 없다. 지름길은 사람을 속이는 깊은 구덩이다. 껍질을 벗겨야 살이 보이고 살을 한 겹 다시 벗겨내야 비로소 뼈가 보인다. 뼈를 깎아내야 비로소 골수가 보인다. 《오늘 눈부신 하루를 위하여》

사부가 물었다.

"책은 주로 언제 읽어?"

"주로 자투리 시간에 읽습니다."

사부의 표정이 약간 어두웠다. 뭔가 보충이 필요할 것 같았다.

"병원에 갈 때도 책을 가지고 다닙니다."

"그렇게 읽어도 될 책이 있고, 일부러 시간을 떼어 읽어야 할 책이 있다. 정말 읽어야 할 책은 시간을 따로 내어 읽어야 돼."

그 후 나의 책 읽는 패턴이 바뀌었다. 책 읽는 시간을 따로 떼어 읽으니 자연히 책의 수준이 높아지게 되었다. 고수의 한 마디가 많은 것을 바꾸었다.

속독을 배우고 싶은 적이 있었지만 배우지는 않았다. 자세히 보아야 잘 이해할 것 같았다. 많이 읽으면 속도는 빨라진다. 잘 쓴 글일수록 미끄러지듯이 읽혀진다. 좋은 문장을 만나면 밑줄을 친다. 단락 전체가 좋은 문장이면 처음과 끝에 격쇠표시를 한다. 나중에 다시 볼 때는 줄 친 부분만 읽어도 전체의 내용을 알 수 있다.

좋은 책을 여러 번 읽어라

좋은 책을 읽을 때는 반드시 그 속에 들어가 한바탕 맹렬히 뒤섞여야 한다. 마치 앞뒤의 글이 막혀 더 이상 갈 곳이 없는 것처럼 되어야 한다. 투철해져야 비로소 벗어날 수 있다. 그러니 공부할 양은 적게 하고 공력은 많이 기울여야 한다. 물을 잘 주는 농부는 채소와 과일 하나하나에 물을 준다. 물을 잘 주지 못하는 농부는 급하고 바쁘게 일을 처리한다. 한 지게의 물을 지고 와서 농장의 모든 채소에 한꺼번에 물을 준다. 남들은 그가 농장을 가꾸는 것으로 볼 테지만 작물은 충분히 적셔진 적이 없다. 우리의 정신도 이와 같다. 《오늘 눈부신 하루를 위하여》

많은 책을 읽는 것도 중요하지만 좋은 책을 여러 번 읽는 것이 더 중요하다. 젊었을 때는 많은 책을 읽었다. 나이가 들수록 좋은 책을 여러 번 읽게 된다. 책의 장르도 인문학, 그 중에서도 철학과 종교 분야로 좁혀지게 되는 것을 느낀다.

좋은 책인 줄 알면서도 극복하지 못하는 책이 있다. 나에게도 그런 책이 있었다. 그중에서 힘들게 읽은 책도 있고 아직 극복하지 못한 책도 있다.

《차라투스트라는 이렇게 말했다》는 니체의 대표작이지만 내용이 어려워서 반쯤 포기했었는데 10년 전에 열흘간 실크로드 여행을 갈 때 가지고 갔다. 숙소에서 나올 때 매일 20장정도 찢어 손가방에 넣어두고 틈나는 대로 읽었다. 차안에서도 읽고 잠시 쉴 때도 읽었다. 여행이 끝날 때쯤 다 읽었지만 이해하기 어려웠다. 몇 달 후 새 책을 사서 다시 읽어보니 그렇게 어려웠던 책이 눈에 들어왔다.

다음은 단테의 《신곡》이었다. 이 책이 유명한 줄은 알지만 읽었다는 사람은 거의 보지 못했다. 부산외국어대 박상진 교수 강연을 들은 적이 있는데 강의 제목이 《신곡》이었다. 그는 이 책을 번역했다. 1시간 강의에 1시간 질의응답으로 진행한다는 정보를 듣고 1주일 동안 시험공부하듯이 읽었다. 분량이 많고 내용도 어려웠다. 질문을 5가지 만들었는데 첫 번째 질문 하나로 1시간이 다 지나갔다.

이 책을 읽은 것이 몇 년 뒤 가족과 간 이탈리아 여행에서 빛나게 될 줄은 몰랐다. 피렌체에서 만난 가이드에게《신곡》을 읽었다고 하였더니 놀라면서 그때부터 대하는 수준이 달라졌다. 일반 관광객에게는 잘 안내하지 않는 메디치 리카르디 궁전으로 안내하여 메디치 가문과 르네상스의 배경까지 자세히 설명하였다.

유명하지만 아직 극복하지 못한 책이 있다. 쇼펜하우어의《의지와 표상으로서의 세계》다. 니체는 쇼펜하우어와 직접 교류한 적은 없었지만 이 책을 통해 많은 영향을 받았다. 헌책방에서 산 이 책이 그에게는 운명적인 사건이었다. 2주 동안 밥 먹고 자는 시간을 제외한 모든 시간을 이 책을 읽는데 보냈다. 나는 쇼펜하우어의 다른 책은 다 읽었지만 유독 이 책만은 몇 번 시도를 했으나 아직 극복하지 못하였다.

좋은 책은 읽을 때는 힘들지만 읽고 나면 전과 확실히 달라지는 것을 느낀다. 대나무의 마디처럼 삶을 잡아주는 근육이 하나 더 생기는 것이다.

생각할 것 없는 쉬운 독서와 킬링 타임의 통속성 속에 익숙해진 우리들에게 배움과 독서의 향기를 선사하는 책은 많지 않다. 그러나 향기를 선사하는 책은 다 읽고 버리는 책이 아니다. 평생을 곁에 두고 봐야 한다. 좋은 책이란 마음이 떨어진 낙엽처럼 바스러질 때, 혹은 바람에 날려 어디로 날아갔는지조차 알지 못할 때 몇 페이지 펼쳐보면 청량함을 느끼게 해준다. 이런 책은 책이라기보다는 향기다.
《오늘 눈부신 하루를 위하여》

젊었을 때는 베스트셀러가 좋은 책인 줄 알았고, 유명한 여행지가 좋은 곳인 줄 알았다. 책을 읽다 보니 다른 사람들이 좋아하는 것보다 내가 좋아하는 것, 나에게 의미 있는 것을 찾게 되었다. 한 사람의 책이 마음에 들면 그가 쓴 다른 책을 더 읽어보게 된다. 책 속에서 다른 책이 소개되거나 인용되면 그 책도 사게 된다. 결국 책이 책을 부르고, 지식이 커지면 모르는 부분도 커지게 되어 항상 갈증이 가시지 않는다.

많이 읽다 보면 넓고 얕은 것보다는 좁고 깊은 것이 더 필요하다는 것을 느낀다. 그렇게 하다 보면 깊게 파기 위해서는 넓게 파야한다는 것도 알게 된다. 자연히 고전과 인문학 관련 책을 더 많이 보게 된다.

사부와 지리산에서 아침 산책을 하면서 책에 대한 이야기를 나누었다.

"주로 어떤 책을 읽나?"

"제가 읽는 책의 반 이상이 자기계발서입니다."

나는 자신 있게 말했는데 사부의 반응의 의외였다.

"자기계발서는 이제 그만 읽어. 그런 책은 세 권만 읽으면 돼. 나머지는 다 똑같은 소리야."

난감한 마음이 들어 물었다.

"그럼 어떤 책을 읽어야 합니까?"

"인문서를 많이 읽어."

"네, 알겠습니다."

나는 대답은 그렇게 했지만 구체적으로 어떤 책을 읽어야 할지 떠오르지 않았다. 그때는 '인문학이 죽었다'는 말이 있을 정도로 인문학이 흔들릴 때였기 때문이다. 그 후 독서방향을 바꾸었다. 이제 읽는 책의 대부분이 인문서다.

왜 쓰는가

가장 잘 배우기 위해

 매년 책을 한 권씩 낼 수 있는 것은 책 자체가 실험이고 배움의 과정이기 때문입니다. 아이러니컬하지만 불완전한 책을 내는 것이 바로 내가 가장 잘 배우는 방법이라 생각합니다. 어떤 주제에 대하여 1년 동안 내가 배우고 생각하고 익힌 것을 정리하여 표현하는 것, 이것이 바로 나의 학습 방법입니다. 내게 책은 어떤 주제에 대한 1년 동안의 사유를 기록한 한 권의 정리 노트인 셈입니다.

《일상의 황홀》

내가 책을 쓰기로 결심한 것도, 매년 한 권의 책을 쓸 수 있는 것도 사부 덕분이다. 만일 그를 만나지 않았다면, 함께 보낸 10년의 시간이 없었다면 작가로서의 나는 없었을 것이다.

꿈꾸는 삶을 행동으로 보여준 사람이 사부였고, 나의 젖은 장작이 탈 수 있도록 해준 부지깽이가 그였고, 힘들거나 흔들릴 때 바로 잡아준 사람도 그였다. 나에게 매년 한 권의 책을 쓰라고 한 적은 없었지만 행동으로 보여주었다. 그는 책은 자신의 세계이며, 한 권의 책을 쓰는 것은 또 하나의 자신의 세계를 가지는 것이라고 말했다. 그런 가르침이 힘이 되어 지금도 쓰고 있다.

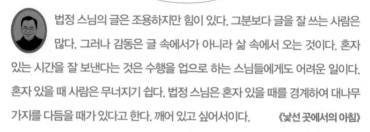

수행의 글쓰기

법정 스님의 글은 조용하지만 힘이 있다. 그분보다 글을 잘 쓰는 사람은 많다. 그러나 감동은 글 속에서가 아니라 삶 속에서 오는 것이다. 혼자 있는 시간을 잘 보낸다는 것은 수행을 업으로 하는 스님들에게도 어려운 일이다. 혼자 있을 때 사람은 무너지기 쉽다. 법정 스님은 혼자 있을 때를 경계하여 대나무 가지를 다듬을 때가 있다고 한다. 깨어 있고 싶어서이다. 《낯선 곳에서의 아침》

율곡이 스무 살의 나이에 만든 〈자경문〉에 "혼자 있을 때를 경계하라"는 말이 있다.

《대학》과 《중용》에 나오는 '신독(愼獨)'이라는 말은 '자기 홀로 있을 때에도 어그러지는 일을 하지 않고 삼간다'는 뜻이다. 혼자 있을 때 할 수 있는 가장 좋은 취미이자 수행 방법은 책을 읽는 것이고 더 나아가 글을 쓰는 것이다.

내가 글을 쓰면서 항상 경계하는 것이 두 가지 있다. 첫째는 독자에게 현실에서 적용할 수 있는 살아있는 지혜를 주지 못하는 책이 되지 않을까 하는 것이고, 둘째는 나의 삶이 책과 유리(遊離)되지 않을까 하는 것이다.

우려는 언젠가는 현실에서 일어나게 된다. 두 번째의 우려가 집에서 일어났다. 큰딸의 잘못을 지적하는데 그 방법이 잘못되었는지 "아빠가 책 쓴 사람 맞아요?"라고 하면서 제 방으로 들어갔다.

그 말은 책과 행동이 다르다는 말로, 책 쓴 사람을 가장 모독하는 말이다. 언젠가 일어날 수도 있다고 생각은 했지만 막상 당하고 보니 충격이 컸다. 먼 독자보다 가족이 본 모습이 나의 모습일 것이라는 생각으로 받아들이기까지 시간이 걸렸다. 그 후 책과 실제의 삶이 일치할 수 있도록 노력하였다. 책을 쓸 때도 내가 할 수 없는 말은 쓰지 않았다.

나를 위한 책쓰기

 어느 날, 나는 글을 쓰고 싶었다. 소설이나 시는 아니었다. 나같이 그럭저럭 살고 있는 사람을 차가운 물속에 처박아 넣거나 가슴에 불을 싸지르는 작가가 되고 싶었다. 그것은 내가 그동안 해왔던 경영혁신과 변화경영의 개념과 잘 들어맞았다. 중요한 것은 회사원이 아니라 작가로 나를 바꾸는 것이었다. 명령하지도 지시받지도 않고 오직 내 마음의 흐름을 따라 자유롭게 일하고 싶었다. 첫 책 《익숙한 것과의 결별》은 사실 내 가슴속에 불을 놓는 작업이었다. 그 책은 나를 위한 책이었다. 내가 최초의 독자였다. 그 후 나는 적어도 1년에 한 권씩 책을 냈다. 변화경영전문가로 세상에 나를 세웠고 수없이 많은 강연을 했다.

《나는 이렇게 될 것이다》

책은 자신을 위한 것이 아니라 독자를 위한 것이어야 하며, 독자에게 어떤 가치를 전달할 것인가를 먼저 생각해야 한다. 책을 쓰려면 콘텐츠와 열정이 있어야 한다. 내용이 가치를 결정하고 열정은 끝까지 갈 수 있는 에너지가 된다.

사부는 확실한 콘텐츠가 있었다. 20년간 IBM에서 근무하면서 한 일이 기업의 경영혁신과 변화경영이었다. 외환위기를 겪으면서 대량실업의 시대를 맞아 그의 콘텐츠는 시대가 간절히 요구하는 것이었다. 대학에서는 역사학을, 대학원에서는 경영학을 전공한 그로서는 절호의 기회였다.

나는 그런 것이 없었다. 공대 출신으로 철강회사에 근무하면서 글과는 거리가 먼 일을 해왔다. 그의 첫 책에 나오는 '불타는 갑판'에 꽂혀 대책도 없이 잘 다니던 직장을 그만두었다. 그 후 몇 년간 시행착오를 겪으면서 직장인들이 사회생활을 하는데 반드시 알아야 할 것들을 조금 알게 되었다. 그것을 세상에 알리고 싶었다. 책은 작가가 되고 싶어 쓴 것이 아니라 내가 알고 있는 것을 세상에 알리기 위한 수단이었다. 사부의 첫 책이 자신을 위한 책이었다면 나의 첫 책도 그랬다.

사부는 많은 책을 쓰면서 '변화경영'이라는 주제를 벗어나지 않았지만 나는 삶의 지혜, 인간관계, 유머 등 다양한 주제에 대해 썼다. 심지어 소설과 시집을 내기도 하였다. 사부는 책을 쓸 때 자신의 주제에서 벗어나지 말라고 조언했지만 나는 그렇지 못했다. 전문분야가 없는 사람들이 자신의 한계를 극복하기 위한 모색이다.

나의 신화를 만들어간다는 것은 나의 세계가 없는 평범한 삶에서 자신이 마음대로 할 수 있는 나의 세계 하나를 창조해내는 것이다. 자주적 삶의 방식도 없고 정신적 독립성도 없는 대중의 자리에서 벌떡 일어나 자신의 삶을 찾아나서는 것이다. 마침내 세상에 자신의 작은 왕국 하나를 건설해가는 이야기다.

《구본형의 그리스인 이야기》

신화는 영웅들의 이야기지만 그들이 처음부터 영웅은 아니었다. 평범한 사람으로 살다가 어떤 우연한 일이 생기면서 그것을 극복하는 과정에서 괴물도 만나고 악당을 만나 온갖 고초를 겪으면서 영웅이 되는 것이다.

신화는 현실의 이야기가 아니다. 요즘같이 신화도 없고 영웅도 없는 시대에는 어떻게 살아야 할까?

첫째, 자신이 영웅이 되는 것이다. 리틀 히어로(little hero)가 되는 것이다. 니체가 말하는 초인은 슈퍼맨이 되는 것이 아니라 자신을 극복하는 사람이다. 미루던 것을 오늘 하고, 자신과 다른 타인을 이해하는 것이 자신을 극복하는 것이다. 둘째, 자신의 세계를 창조하는 것이다. 사부는 책을 쓰는 것은 자신의 세계를 만드는 것이라고 했다. 책의 추천사에도 그런 말을 한 적이 있었다. 책이 아니어도 좋다. 자신의 땀과 창의로 기존에 없던 뭔가를 만들면 그것이 자

145

신의 세계가 된다.

　자신의 세계를 만드는 것은 어렵고 힘든 일이다. 쓰는 것이 힘들지만 쓰지 않으면 더 힘들어서 쓴다. 자신의 세계가 많을수록 현실 세계와 타인을 바라보는 마음이 너그러워진다.

⦙ 어떻게 쓸 것인가

> ### 치열해야 쓸 수 있다
>
> 가난해보지 않으면 치열할 수 없다. 작가도 마찬가지다. 등 따뜻하고 배부른 작가에게서는 뼈가 보이지 않는다. 뼈, 그 삶의 견고한 구조물에서 벗어나면 작가는 매너리즘과 진부한 언어에서 벗어나지 못한다. 살덩이야말로 돈의 이미지와 부합한다.
>
> 《세월이 젊음에게》

톨스토이와 도스토예프스키는 동시대를 산 러시아의 대문호이지만 두 사람의 환경은 극명하게 달랐다. 톨스토이는 귀족의 아들로 태어나 평생 돈 걱정 없이 살았지만 그의 삶은 평탄하지 않았다. 젊은 시절에는 여자와 도박에 빠졌고 중년에는 도덕과 종교적인 삶을 살면서 수많은 불멸의 작품을 썼다. 도스토예프스키는 평생 가난에서 벗어나지 못하였고 간질, 도박, 사형선고와 사면 그리고 시베리아 유형으로 파란만장한 삶을 살면서 위대한 작품을 썼다. 두 사람은 뼈뿐만 아니라 골수까지 드러나는 삶을 살았다.

어느 해 사부의 출판기념회 및 강연을 경주에서 한 적이 있다.

저녁 식사를 하면서 사부께 물었다.

"이번에 나온 책이 몇 번째입니까?"

"14번째야."

"이 정도 되면 책 쓰는 것이 밭에서 무를 뽑는 것처럼 쉽죠?"

"그렇지 않아. 항상 첫 번째 책을 쓴다는 생각으로 하지 않으면 안 돼."

그때는 그 말이 겸손의 뜻으로 들렸는데 내가 해보니 정말 그랬다. 항상 초심의 마음으로 돌아가 치열하지 않으면 쓸 수 없다. 활주로를 전속력으로 달리지 않으면 비행기가 이륙할 수 없는 것처럼 일정 기간 치열한 시간을 보내지 않고는 책이 나올 수 없다는 것을 항상 느낀다.

1년에 한 권씩

평범한 재주를 가진 사람 기준으로 책은 1년에 한 권쯤은 나와야 한다. 그렇게 안 되면 놀기에 치중한 것이다. 적어도 직장인만큼이라도 매일 노력한 작가는 1년에 꽤 괜찮은 책 한 권을 써낼 수 있다. 아침에 출근해 저녁 늦게 후줄근해져서 퇴근하는 직장인만큼, 매일 그렇게 지금 쓰고 있는 책에 시간과 관심과 기쁨과 스트레스를 쏟고 나면 책 한 권이 쓰인다. 아이와 비슷하게 책의 회임기간을 1년으로 잡아라.

《나는 이렇게 될 것이다》

나는 1년에 거의 한 권의 책을 쓰고 있다. 중간에 고비도 몇 번

있었지만 그때마다 사부가 부지깽이로 꺼져가는 불을 살려주었다. 2003년부터 지금까지 책을 쓰지 못하고 한 해를 보낸 것이 두 번 있었다. 첫 번째는 전원주택을 지을 때였다. 집에 신경 쓰느라 집필에 전념할 수가 없었다. 두 번째는 사부가 세상을 떠났을 때였다. 6개월 동안 한 줄도 못쓰고 멍하니 보냈다.

매년 책을 쓸 수 있었던 것은 사부의 모범과 나에 대한 사부의 믿음 덕분이었다. 스스로를 믿지 못하더라도 자신을 믿어주는 단 한 사람이 있다면 용기가 생긴다. 그 사람이 자신이 존경하는 사람이라면 천군만마보다 더 힘이 세다.

 좋은글

 책을 읽다 좋은 글을 보면 가슴이 뜁니다. 좋은 글이란 벌써 내가 알고 있는 것입니다. 그것은 내 마음 속에 벌써 들어와 있지만 미처 내가 인식하지 못한 것입니다. 보는 순간 알아볼 수 있을 만큼 이미 낯익은 것이기 때문에 만나면 그렇게 반가운 것입니다. 말할 수 없는 것을 말해내는 작가의 재주에 경탄하지만 우리를 정말 기쁘게 하는 것은 우리의 생각이 표현을 얻었기 때문입니다.

《일상의 황홀》

사부의 책을 읽다 보면 무릎을 치며 감탄하는 순간이 많다. 바로

메일을 보냈다.

아직 창밖은 어둡습니다. 평소에도 사부님을 존경하고, 저서를 좋아했지만 '어떻게 이렇게 표현을 잘 할 수 있을까' 하는 생각이 들었습니다. 마치 칼릴 지브란의 글을 읽고 사부님이 느낀 것처럼…….
사부님은 저의 마음에 피어있는 무지개입니다. 무지개를 잡기 위해 열심히 달려가지만 그만큼 무지개는 더 멀리 달아나 결코 따라갈 수 없다는 생각이 들 때는 어떻게 해야 합니까? 삼국지에 나오는 주유가 제갈공명에게 느끼는 그런 기분 잘 아시죠?

완벽한 글을 쓰려고 하면 어떤 글도 못 쓴다. 아내는 내가 책을 매년 내는 것이 못마땅하였는지 "한 권이라도 제대로 된 책을 내라"고 말한 적이 있다. 그 말이 서운하게 들렸지만 개의치 않았다. 성격 차이다. 그런 말을 한 아내는 신춘문예에 당선되었지만 아직 한 권의 책도 내지 못했다. 내가 아내와 같은 생각을 했다면 지금까지도 첫 책의 원고를 다듬고 있을지도 모른다.
너무 잘 쓰려고 하지 말고 일단 채워 넣는다고 생각한다. 일단 써놓고 거기서 불필요한 내용은 빼고 부족한 것은 더 채워 넣는다. 작가라고 해서 글을 잘 쓰는 것이 아니다. 초고는 항상 쓰레기같다.

절망으로 쓰고 희망으로 고치면 좋은 글이 된다는 생각으로 지금
도 쓰고 있다.

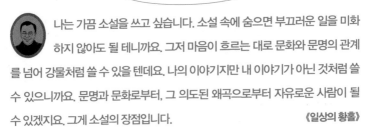

소설을 쓰고 싶을 때

나는 가끔 소설을 쓰고 싶습니다. 소설 속에 숨으면 부끄러운 일을 미화
하지 않아도 될 테니까요. 그저 마음이 흐르는 대로 문화와 문명의 관계
를 넘어 강물처럼 쓸 수 있을 텐데요. 나의 이야기지만 내 이야기가 아닌 것처럼 쓸
수 있으니까요. 문명과 문화로부터, 그 의도된 왜곡으로부터 자유로운 사람이 될
수 있겠지요. 그게 소설의 장점입니다.   《일상의 황홀》

나도 소설을 써보고 싶었다. 주제를 중년의 사랑으로 잡았다. 모
든 중년의 사랑은 비극으로 끝나지만 해피엔딩으로 끝나는 책을
써보고 싶었다. 중년의 사랑이 모두 불륜인가, 불륜이 아닌 로맨스
는 없는 것인가 고민했다. 그런 고민 끝에 쓴 책이 《춤추는 별》이
다. 제목은 "춤추는 별을 낳으려면 인간은 자신 속에서 혼돈을 간
직하고 있어야 한다."는 니체 책에서 따왔다.

책을 쓰기 전에 사부께 물었다.

"사부님, 제가 소설을 한 번 써보고 싶습니다."

사부는 한참 생각한 뒤에 웃으면서 말했다.

"하하하. 좋지. 남자 주인공을 재미있는 캐릭터로 만들어봐."

"네, 알겠습니다."

6개월 후 책이 나왔다.

이 책에 대해 독자들은 아주 상반된 반응을 보였다. 화끈한 장면이 없다면서 불만을 표시하는 독자가 더 많았다. 사랑은 육체와 정신, 이 둘이 갖추어졌을 때 아름답다. 둘 중 하나가 빠진 사랑은 불구다. 그러나 욕망과 현실 사이에서 끊임없이 갈등하다가 잿빛으로 끝나는 것이 중년의 사랑이다.

모든 사람을 만족시킬 수 있는 것은 없다. 아내도 나중에는 나를 의심했다. 사부의 말대로 남자 주인공을 재미있는 캐릭터로 하다 보니 나를 닮은 사람으로 만든 것 같았다. 모든 소설은 자신의 이야기를 쓰는 것이지만 자신이 아닌 것처럼 써야 되는데 내공이 약한 나는 누가 봐도 남자 주인공이 '나'라는 것을 알 수 있었다. 우여곡절은 있었지만 소설 쓰는 법에 대해 많은 공부가 되었다.

자신의 언어로 써라

 아침에 일어나 책을 쓰기 시작한 지 8년이 되었다. 책을 쓰는 일은 내가 가장 잘 배우는 방법 가운데 하나다. 다른 사람에게는 다른 재능이 있겠지만, 이 방법이 내 스타일이다. 나는 내가 읽은 다른 사람들의 생각을 나의 언어로 표현하는 것을 즐긴다. 그들의 지식은 나라는 특별한 여과기를 거쳐 새로운 표현법을 얻게 된다. 그대로 인용될 때도 있지만, 글의 흐름을 얻기 위해 따옴표로 들어올려지기도 한다. 어떤 것들은 그들이 표현하기 이전에 이미 나의 표현이기 때문에 따옴표를 사용하지 않는 경우도 있다. 그것들은 독립적 사유가 되어 내 책 속에 다시 등장하기도 한다. **《나, 구본형의 변화 이야기》**

글을 쓰는 것이 톱질이라면 책을 읽는 것은 톱날을 가는 것이다. 나는 톱날을 가는 시간이 톱질하는 시간보다 두 배나 많다. 톱날은 매일 갈아야 한다. 그렇지 않으면 금방 무뎌진다.

글을 쓰는 것은 음식을 만드는 것과도 같다. 음식은 영양도 있어야 되지만 맛이 있어야 되고 보기도 좋아야 한다. 어떤 것은 매콤하면서 톡 쏘는 맛이 있어야 한다. 먹고 나면 다음에 또 먹고 싶은 마음이 있어야 한다. 글도 마찬가지다. 내용도 중요하지만 재미가 있어야 한다. 또 잘 읽혀야 하고 다음에 다시 보기 위해 줄 칠 곳도 있어야 한다.

글을 쓸 때 "자신의 언어로 써라"는 사부의 말을 잊지 않는다. 건빵 속의 별사탕처럼 유머코드를 숨겨놓는다. 어렵고 복잡한 개념을 쉽게 표현할 수 있을 때는 말할 수 없는 기쁨을 느낀다.

창조적 글쓰기

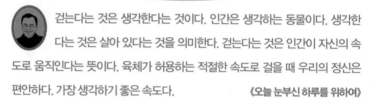

걸으면 영감이 생긴다

걷는다는 것은 생각한다는 것이다. 인간은 생각하는 동물이다. 생각한다는 것은 살아 있다는 것을 의미한다. 걷는다는 것은 인간이 자신의 속도로 움직인다는 뜻이다. 육체가 허용하는 적절한 속도로 걸을 때 우리의 정신은 편안하다. 가장 생각하기 좋은 속도다. 《오늘 눈부신 하루를 위하여》

자연은 거대한 시스템이다. 걷는 것은 자연과 교감하는 것이다. 시인이나 철학자 그리고 성직자들은 걸으면서 영감을 얻는다. 현대문명은 사람을 자연과 멀리 떨어지게 한다. 교통이 발달할수록 자연 속을 걷는 일이 줄어들어 육신은 약해지고 마음은 여유가 없어진다.

책을 보다가 눈이 침침하거나 머리가 띵할 때는 마당의 풀을 뽑으면 정신이 맑아진다. 글을 쓰다가 생각이 안 날 때는 동네 한 바퀴 돌다보면 새로운 기운과 영감을 얻는다. 칸트가 왜 규칙적으로 동네를 산책하였는지 짐작이 간다.

서재는 꿈을 꾸기에 좋은 곳이다. 그 속에서 동서고금의 많은 이야기를 읽고 싶다. 이야기 속에는 생각해야 할 것들이 많다. 그래서 크지는 않지만 아름답고 차분한 서재 하나를 가지고 싶다. 조금 읽다가 생각하고 조금 더 이해하고 다시 아무런 상황의 규제도 없는 꿈속으로 가서 더 많이 이해하길 바란다. 이렇게 알게 된 것을 글로 쓰면 조금 더 나아갈 수 있다. 내게 독서와 꿈과 쓰기는 책 속의 경험을 배워 원래 내 마음속에 갖추어져 있던 근본을 이해하는 학습이다.

《나, 구본형의 변화 이야기》

서재는 꿈꾸는 곳이자 나와 만나는 곳이다. 서재는 수많은 동서고금의 고수들을 만나는 곳이고 어제보다 더 아름답고 깊은 사람이 되는 곳이다.

서재에 꽂힌 책을 보면 '이 많은 것들을 과연 내가 읽었나' 하는 마음이 들어 뿌듯해진다. 이제 더 이상 책 욕심을 내지 않는다. 쌓아둘 공간이 없어 산 만큼 버려야 한다.

필요한 책을 살 때는 즐겁지만 필요가 없는 책은 과감히 버린다. 책은 껍질에 불과하다. 책을 버릴 때도 살 때만큼 기쁘다. 껍질은 버려도 정신은 이미 내 것이 되었기 때문이다.

책은 가성비가 매우 높은 상품이다. 책값을 아끼는 사람은 책의 가치를 모르는 사람이지만 인생의 가치도 모르는 사람이 아닐까 하는 생각이 든다. 사람한테는 뿌린 대로 거두지 못하지만 책은 뿌린 대로 거둔다. 뿌린 것보다 백배, 천배로 거두는 것이 책이다.

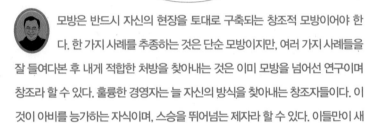

창조적 모방

모방은 반드시 자신의 현장을 토대로 구축되는 창조적 모방이어야 한다. 한 가지 사례를 추종하는 것은 단순 모방이지만, 여러 가지 사례들을 잘 들여다본 후 내게 적합한 처방을 찾아내는 것은 이미 모방을 넘어선 연구이며 창조라 할 수 있다. 훌륭한 경영자는 늘 자신의 방식을 찾아내는 창조자들이다. 이것이 아비를 능가하는 자식이며, 스승을 뛰어넘는 제자라 할 수 있다. 이들만이 새로운 경영 이야기를 만들어낼 수 있다. 《사람에게서 구하라》

모든 창조의 시작은 모방이다. 배운다는 것은 누군가의 지식이나 지혜를 받아들이는 것이다.

하늘 아래 완전히 새로운 것은 없다. 창조는 특별하거나 새로운 것을 만드는 것이 아니라 기존에 있던 것을 연결하여 새로운 것을 만드는 것이다. 누에가 뽕잎을 먹고 실을 토해내듯이 일단 받아들여 자신의 것을 만드는 것이 창작이다. 창작의 기쁨은 새로운 것을 만들어내는 데서 오고, 창작의 고통은 자신의 것을 만들지 못하는 데서 온다.

미국 역대 대통령의 취임사 중 1961년에 취임한 존 F. 케네디의 취임연설이 가장 유명하다.

그의 취임사 중 "국가가 여러분을 위해 무엇을 해줄 수 있는지 묻지 말고 여러분이 국가를 위해 무엇을 할 수 있는지 물어보라." 는 말은 다른 곳에도 많이 인용될 정도로 유명한 문구다. 이 문구는 독창적인 문구였을까?

이 문구는 그의 모교 교장을 지낸 조지 세인트존의 훈화에서 영감을 얻었을 것이라고 한다.

교장이 훈화할 때 "모교를 사랑하는 젊은이라면 학교가 나에게 무엇을 해줄 수 있는지가 아니라 내가 학교를 위해 무엇을 할 수 있는지를 항상 물어볼 것이다." 라는 말을 자주 했다고 한다.

모방은 창조의 어머니다. 모든 창조는 모방에서 시작되었다. 일단 모방하고 그 다음에는 자신의 색깔을 가져야 한다.

"너 자신을 알라."

이 말은 소크라테스가 한 명언으로 알려져 있지만 델포이에 있는 아폴론 신전에 있는 문구다.

창의는 질문에서 나온다

 창의성의 시작은 질문으로부터 온다. 철학은 "만물의 근원은 무엇일까"를 묻는 질문에서부터 시작되었다. 답이 중요한 것이 아니다. 좋은 질문이 위대하다. 우리 교육의 가장 큰 문제는 질문할 수 있는 호기심과 자유의 힘을 빼앗은 것이다. 너무도 빨리 정말 알고 싶은 것들을 제쳐두고, 아직 절실하지 않은 세상의 대답들을 외우게 함으로써 질문의 힘을 죽여버린다. 그러나 사회에 나오는 순간 학생들은 이 세상에 정답이란 애초에 없는 것임을 알게 된다.

《나는 이렇게 될 것이다》

사부는 질문의 힘은 익숙해 신기할 것이 없는 것을 낯설게 보는 데서 온다고 하였다. 그는 이것을 '시인의 시선'이라고 말했다. 오래 보았다고 잘 보는 것이 아니다. 같은 눈으로 수백 번을 보았다면 한 번을 수백 번 반복한 것에 불과하다.

제대로 보려면 익숙한 것을 낯설게 보아야 한다. 수십 년을 같이 산 부부도 낯설게 보면 그동안 보지 못한 것을 보게 될 것이다. 익숙한 것에서는 질문이 나오지 않는다. 낯설게 보면 다르게 보이고 궁금한 것이 생긴다. 그때 나오는 것이 질문이다. 제대로 질문하면 제대로 알 수 있고, 알면 잠자고 있던 사랑이 다시 살아나고 따분한 세상이 재미있게 보일 것이다.

책이 흔들리는 시대

책보다 폰과 가까운 시대

지하철에서 책 보는 사람이 사라지고, 그 자리를 스마트폰이 차지했다. 생각이 사라지고 정보가 주가 되었고, 오락과 채팅이 그 자리를 대신했다. 사람들과의 연결은 혁명적으로 증진되었으나, 우리는 앞에 마주 앉은 사람을 버려두고, 만남 중에 수시로 스마트폰을 보며 서로의 존재를 모독하고 서로의 부재(不在)를 확인한다. 사람들은 독서가 주는 몰입과 황홀을 잊어버렸다.

《구본형의 신화 읽는 시간》

지금은 스마트폰이 블랙홀이 되어 모든 것이 그 속으로 다 들어간다. 문명의 이기(利器)는 편리함을 주는 대신 소중한 것을 멀리하게 한다. 폰이 사색과 사람과의 대화 그리고 책 읽을 시간을 빼앗아 간다.

나도 예외는 아니다. 눈을 뜨자마자 자신도 모르게 폰을 찾게 되고 유튜브를 들으면서 잠이 들기도 한다. 빠져들기는 쉬워도 멀리하는 것은 어렵다. 새벽에 일어나서 폰 대신 책을 먼저 잡아야 하는데 날씨나 뉴스가 궁금하여 폰을 잡으면 1시간이 금세 지나간다. 책을 읽으면 머리가 맑아지는데 폰을 보면 머리가 무거워진다. 마

음이 삭막해지는 것을 느낀다. 그렇다고 안 할 수는 없다. 결론은
역시 불가근불가원(不可近不可遠)이다.

책은 돈 이상이다

책으로 돈 벌 생각 하지 마라. 시장의 눈치를 보게 되면, 상인이지 작가
가 아니다. 그러나 독자가 잘 읽을 수 있도록 가장 손쉬운 소통방식을 찾
아내라. 운이 좋아 잘 팔리면 좋고, 안 팔려도 그만이다. 그러나 좋은 책을 쓰기 위
해 정성을 다해라. 이 부분에서만은 탐욕과 과도함을 맘껏 즐겨라. 오만해져라. 다
른 사람을 내려다보는 오만이 아니라 위로 오르려는 오만이어야 한다. 맘껏 까다
로워지고 맘껏 괴팍해져도 좋다. 나는 이 일이 좋다. 이 일을 하다 순직하려 한다.

《구본형의 신화 읽는 시간》

책을 쓰고 나서 가장 많이 받는 질문이 돈에 관한 것이다. "돈은
얼마나 들어오느냐?" "돈은 얼마나 드느냐?" 두 번째 질문은 자비
출판을 염두에 둔 질문일 것이다. 둘 다 책 쓰는 사람에게 좋은 질
문은 아니다. 꽤 교양이 있는 사람이 그런 질문을 할 때는 실망이
되기도 하지만 현실이 그런 것이라 받아들일 수밖에 없다.

돈을 벌기 위해 책을 쓴다고 말하는 사람은 없겠지만 한 번도 베
스트셀러를 꿈꾸지 않은 사람은 없을 것이다. 사부는 평소에 '자신

이 쓰고 싶은 책'과 '독자가 좋아하는 책' 사이에서 늘 갈등한다고 말했다. 독자가 좋아하는 책을 쓰면 많이 팔리겠지만 자신이 쓰고 싶은 책을 쓴다고 했다.

그가 처음에는 "작가가 직장인처럼 하루 8시간씩 꾸준하게 글을 쓰면 1년에 직장인이 받는 연봉 정도는 벌 수 있다."고 했다. 나중에 스마트폰이 나오면서 책이 예전처럼 많이 팔리지 않게 되자 "책으로 돈 벌 생각 하지 마라. 책을 쓰면 자신의 스펙이 올라간다."고 말을 바꾸었다. 현실을 받아들인 것 같았다. 책으로 돈을 못 벌더라도 스펙이 올라가면 해볼 만한 가치가 있지 않을까.

변화
06

우리는 시간 속에서 살아가는 존재다.

시간은 강물처럼 잠시도 멈추지 않고 흐르고 시간과 함께 모든 것은 변한다.

불교에서는 이를 제행무상(諸行無常)이라 부른다.

인류의 역사와 생명체의 진화가 그것을 생생하게 보여준다.

절실해야 변한다 ¶ 나를 버려야 변한다
나를 찾아 떠나는 여행 ¶ 생각의 성장

사람은 좀처럼 바뀌지 않는다.

변화에는 큰 에너지가 필요하다.

하지만 어제와 다른 생각으로 일상부터 바꾸려는 의지만 있다면 가능하다.

위기에 처해 있다면 좌절하고 있을 때가 아니라 지금 변해야 한다.

지금 이 순간을 삶의 변곡점으로 만드는 것은 자신의 생각에 달려 있다.

오늘의 작은 생각과 행동의 변화가

삶의 변곡점이 될 수도 있다.

절실해야 변한다

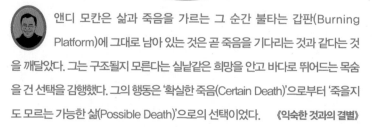

앤디 모칸은 삶과 죽음을 가르는 그 순간 불타는 갑판(Burning Platform)에 그대로 남아 있는 것은 곧 죽음을 기다리는 것과 같다는 것을 깨달았다. 그는 구조될지 모른다는 실낱같은 희망을 안고 바다로 뛰어드는 목숨을 건 선택을 감행했다. 그의 행동은 '확실한 죽음(Certain Death)'으로부터 '죽을지도 모르는 가능한 삶(Possible Death)'으로의 선택이었다. 《익숙한 것과의 결별》

사부에게 매료된 사람들 중에 이 대목을 모르는 사람은 없을 것이다. 나도 여기에 꽂혀 사부를 좋아하게 되었고 급기야 큰 배에서 뛰어내렸다. 당시에는 내가 타고 있는 배가 불타는 줄 알았는데 알고 보니 그곳이 가장 안전한 곳이었다.

1984년 4월 제주도로 졸업여행을 갔다. 우리가 타고 갔던 배가 돌아가면서 사고가 났다고 했다. 대학생 10여 명이 바다로 뛰어내려 목숨을 잃었다. 가만히 있었던 사람들은 모두 다른 배로 무사히 돌아왔다. 그 배는 기관이 고장 나면서 약간 기울어졌을 뿐인데 섣부르게 판단하여 소중한 목숨을 잃은 안타까운 일이었다.

우리는 다른 사람을 설득시키기 위해 '확실하다'는 말을 사용한다. '확실'이라는 말은 자신의 주관적 확신이지 객관적이지 않다. 확실한 것은 없다. 사고 난 배 위에서 먼저 뛰어내려 죽은 사람도 있고, 가만히 있었기 때문에 죽은 사람도 있다.

지금 절실한가

변화는 절박함을 인식할 수 있는 능력이다. 절박함을 스스로에게 설득시킬 수 있다면 변화의 반은 성공한다. 그러나 절실하지 못한 사람은 자기를 바꾸는 데 성공할 수 없다. 이 점이 변화의 가장 어려운 대목 중 한 곳이다. 많은 사람이 묻는다. 변해야 한다는 것을 이해하고 동의하는데 실제로 변하기는 어렵다고 하소연한다. 나는 그들에게 절실하냐고 묻는다. 절실하다는 것은 그것을 생존의 문제로 인식한다는 것을 뜻한다. 지금이 결단의 시기이며, 지금 시작하지 않으면 마지막 기회를 놓치고 말 것이라는 자기 암시이며 주술이다.

《나는 이렇게 될 것이다》

다른 사람의 죽음에 대해서는 당연하다고 받아들이지만 자신의 죽음에 대해서는 판단유예다. 변화가 절실히 필요하다고 생각하지만 자신의 일상을 바꿀 용기는 없다. '아직은 아니다'라고 생각하며 오늘 하루를 보내고 있다.

비트겐슈타인은 "인생이 견딜 수 없게 되었을 때, 우리는 상황이 변화할 것을 기대한다. 그러나 가장 중요하고 가장 효과적인 변화, 즉 자기 자신의 태도를 바꿔야 한다는 인식에는 거의 생각이 미치지 못한다." 라고 말했다.

얼마 전 지난 40년간 익숙해진 술과 헤어질 결심을 했다. '척추관 협착증'이라는 최근의 진단이 발단이 되었지만 술을 굳이 끊을 필요까지는 없었다. 일상의 변화를 위한 상징적인 조치가 필요했던 시기와 맞아떨어졌을 뿐이다.

그동안 필요에 의해 술을 마시는 것이 아니라 술을 마시기 위한 구실을 만들어온 자신이 싫어졌다. 지금 몸이 나에게 하는 말을 듣지 않으면 나중에 내가 하는 말을 몸이 듣지 않을지도 모른다는 생각이 들었다.

깨어있는 시간을 더 많이 가지고 싶었다. 좋은 일이든, 힘든 일이든 오롯이 그대로 느끼고 싶었다. 술을 마시지 않아도 예전처럼 잘 놀 수 있는 방법을 생각중이다.

당장 자신의 일상을 바꾸고 인간관계를 바꾸라는 게 아니다. 바꿀 수 있는 것부터 바꾸라는 것이다. 술을 좋아하는 사람은 술을 줄여보고, 담배를 피우는 사람은 금연을 시도해보라. 말이 거친 사람은 말을 부드럽게 바꿔보라. 말은 생각의 얼굴이자 향기다. 생각이 바뀌면 말이 바뀌고 말을 바꾸면 생각이 바뀐다. 언제부터 바꿀 것인가. 바로 지금이 바꿀 수 있는 가장 좋은 시간이다.

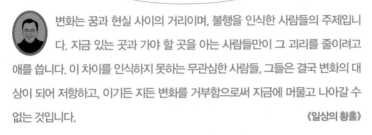

꿈과 현실 사이의 거리

변화는 꿈과 현실 사이의 거리이며, 불행을 인식한 사람들의 주제입니다. 지금 있는 곳과 가야 할 곳을 아는 사람들만이 그 괴리를 줄이려고 애를 씁니다. 이 차이를 인식하지 못하는 무관심한 사람들, 그들은 결국 변화의 대상이 되어 저항하고, 이기든 지든 변화를 거부함으로써 지금에 머물고 나아갈 수 없는 것입니다.　　　　　　　　　　　　　　　　　　　《일상의 황홀》

열정과 냉정 사이에 무엇이 있을까? 사랑이 아닐까 생각한다. 사랑은 항상 뜨겁기만 한 것이 아니라 때로는 싸늘하게 식기도 하다가 다시 뜨거워지는 것이기 때문이다.

아무런 느낌이 없는 사랑도, 너무 아픈 사랑도 오래 가지 못하듯이 꿈과 현실 사이가 너무 가까워도, 멀어도 열정이 생기지 않는다. 자신이 초라하게 느껴지면 큰 것 한 방을 노리는 것보다 지금, 여기에서 작은 성취를 더 많이 경험하는 것이 중요하다. 어느 정도 자신이 생기면 더 깊은 곳으로 가서 큰 고기를 낚아라. 변화는 타이밍이며 열정은 꿈을 현실로 만들어준다.

삶은 늘 불안정한 것이다. 어쩌다 이쪽으로 경도되어 균형을 잃고 살다 보면 그 반대의 것이 그립고, 그리해 그쪽으로 몸을 움직여 균형을 잡으려는 이 불안정한 움직임이 바로 삶이 아닌가 한다. 시몬 드 보부아르는 그래서, "매 순간 형평을 잃고 다시 정상으로 회복하려는 불안정한 체계, 이것이 바로 삶"이라고 명명했다.
《나는 이렇게 될 것이다》

삶은 문제의 연속인데 한 치 앞을 모르는 것이 인간이다.

부처님은 삶을 고해(苦海)라고 했다. 이 고통의 바다에서 언제 닥칠지 모르는 죽음을 의식하며 문제를 해결하는 것이 우리의 삶이다. 문제는 없어지지 않는다. 해결해야 하는 것이다. 문제를 문제라고 보는 것이 더 큰 문제다.

죽음은 피할 수 없다. 피할 수 없는 죽음을 즐길 수는 없겠지만 담담하게 받아들일 수 있어야 한다. 같은 삶이라도 어떻게 보느냐에 따라 다르다. 수도원과 교도소를 보라. 똑같이 폐쇄공간에서 갇혀 살고 있다. 차이가 있다면 수도원은 감사로 하루가 시작되고, 교도소는 불평으로 하루가 시작된다. 삶을 있는 그대로 받아들이는 순간 마음의 안정을 얻을 수 있다. 현실을 받아들이지 않고 거부할 때가 가장 힘들다.

◯ 오늘을 놓치면 ◯

나를 변화시켰다는 구체적인 증거는 내 하루가 바뀌었는지를 물으면 확실해진다. 오늘을 놓치면 삶을 놓치는 것이다. 하루를 즐길 수 있으면 훌륭한 변화를 만들어낸 것이다. 하나의 물결로서, 하나의 직업인으로서, 하나의 인간으로서 행복하게 사는 것이 내가 나에게 바라는 목적이다.

《나, 구본형의 변화 이야기》

하루는 나에게 주어진 구체적인 시간이다. 점을 연결하면 선이 되듯이 하루를 연결하면 한 달이 되고 일 년이 된다. 하루 24시간도 긴 시간이다. 지구가 한 번 자전하는 시간이다. 어제 죽어간 사람이 그토록 살고 싶어 절규했던 내일이 바로 오늘이다. 눈만 뜨면 선물처럼 주어지는 하루를 당연하게 생각한다. 당연한 것은 없다.

하루를 잘 보낸 사람은 보상을 받고 잘 못 보낸 사람은 대가를 지불해야 한다. 잘못 보낸 오늘 하루가 내일의 불행의 씨앗이 될 수 있다. 그러나 지금 당장은 아니라는 이유로 어제와 같은 오늘을 보낸다. 모두 강심장이다.

나를 버려야 변한다

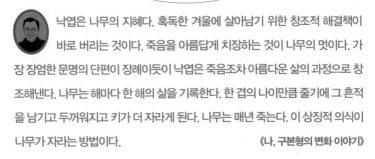

창조적 버리기

낙엽은 나무의 지혜. 혹독한 겨울에 살아남기 위한 창조적 해결책이 바로 버리는 것이다. 죽음을 아름답게 치장하는 것이 나무의 멋이다. 가장 장엄한 문명의 단편이 장례이듯이 낙엽은 죽음조차 아름다운 삶의 과정으로 창조해낸다. 나무는 해마다 한 해의 삶을 기록한다. 한 겹의 나이만큼 줄기에 그 흔적을 남기고 두꺼워지고 키가 더 자라게 된다. 나무는 매년 죽는다. 이 상징적 의식이 나무가 자라는 방법이다. 《나, 구본형의 변화 이야기》

성장을 위해 뱀이 허물을 벗듯이 나무도 겨울을 이겨내기 위해 나목이 된다. 겨울 산행의 즐거움은 나목을 보는 것이다. 일체의 부수적인 것을 버리고 본질만 남은 나목을 보면서 삶의 인고(忍苦)를 극복하는 지혜를 배운다.

뒤뜰을 아름답게 가꾸기까지 십수 년이 걸렸다. 나무를 여러 번 옮겨 심거나 베어내는 과정에서 아내와 갈등이 많았다. 가장 큰 갈등은 벚나무를 베어낼 때였다. 나는 벚나무를 좋아하는데 아내는 꽃을 가꾸기 위해 베어내자고 했다. 아내의 성화에 못 이겨 지름이 30cm나 되는 벚나무 여덟 그루를 2차에 걸쳐 베었다. 처음에는

170

"내 다리를 베었으면 베었지 나무는 못 벤다." 두 번째는 "내 목을 베었으면 베었지……." 하며 버텼는데 결국 나는 나를 죽였다. 지금은 아름다운 꽃이 피는 정원을 즐기고 있다.

진정한 자기를 찾기 위해서는 나무가 잎을 버리듯이 우리의 고정관념, 쓸데없는 자존심, 남을 지나치게 의식하는 마음을 버려야 한다. '내가 나'라고 하는 나를 죽여야 진정한 나를 발견할 수 있다.

변화는 새로 태어나는 것

나를 잃음으로써 나를 되찾는 것은 모든 지혜의 공통된 메시지다. 개인의 혁명은 자신의 껍데기를 죽임으로써 가장 자기다워질 것을 목표로 한다. 자기가 아닌 모든 것을 버림으로써 자기로 새로 태어나는 과정이 바로 변화의 핵심이다. 그러므로 변화는 변화하지 않는 핵심을 발견하려는 열정이며, 그것을 향한 끊임없는 '움직임(Movement)'이다.　　　《그대, 스스로를 고용하라》

외부의 적보다 내부의 적이 더 어렵다. 가장 힘든 싸움은 눈에 보이지 않는 상대와 싸우는 것이다. 나 자신은 스스로를 볼 수 없다. 그래서 가장 힘든 상대는 바로 나 자신이다.

두 개의 내가 항상 싸우고 있다. 나를 사랑하기도 하고 미워하기도 한다. 나를 미워하는 나는 누구이며, 그런 나를 사랑하는 나는

171

누구인가?

장자에 '오상아(吾喪我)'라는 말이 있다. 내가 나를 죽였다는 말이다. '죽이는 나'와 '죽는 나'는 어떻게 다른가. 오(吾)가 태어날 때의 나라면 아(我)는 살면서 만들어진 나이다. 살면서 희로애락의 감정으로 더럽혀진 나를 본래의 깨끗한 내가 죽인다는 뜻이다. 즉, 분별력을 가진 내가 나쁜 습관, 나약한 마음, 고정관념과 같은 분별심으로 가득 찬 나를 죽여 바른 나로 다시 태어나는 것이다.

삶의 변곡점

 인류의 역사는 평범한 사람들의 역사이다. 평범과 비범 사이에 존재하는 것은 '어떤 변화'이다. 역사가 인류 변천의 기록이듯, 개인의 역사 역시 변화의 기록이다. 성공한 사람들은 '어떤 날' 모두 평범에서부터 비범으로 자신의 인생을 바꾸어 놓았다. 평범과 비범 사이에 존재하는 변곡점이 바로 우리가 찾고 싶어 하는 포인트이다.   《그대, 스스로를 고용하라》

인류의 역사는 평범한 사람들이 만들지만 역사에 기록되는 사람들은 비범한 사람들이다. 변화는 일상에서 누구에게나 일어나는 것이지만 평범과 비범을 가르는 '어떤 변화'로 만드는 것은 아무나 할 수 있는 것이 아니다. 준비가 된 사람에게만 변화가 '어떤 변화'

로 바뀐다.

임진왜란이 없었다면 이순신도 없었다. 미리 대비하고 있었기 때문에 세계 해전사에서 가장 위대한 인물로 손꼽힐 수 있었다. 단순한 하나의 점이 되느냐 삶의 변곡점이 되느냐는 자신의 생각에 달려 있다. 오늘이 바로 삶의 변곡점이 될 수도 있다.

우연과 운명

 우연이 운명이 되는 이야기는 문학이 다루어온 흔하고도 멋진 만남의 방식이었듯 우리 역시 현실 속에서 운명적 우연을 겪는다. 우리는 우연을 통해 자신이 누구인지 이 세상에서의 역할이 무엇인지 홀연 깨닫는다. 우연이 그저 우연으로 끝나고 마는 무수한 버림의 과정을 지나 때가 무르익어 감이 떨어지듯 우연은 필연이 된다. 《나는 이렇게 될 것이다》

불가에서는 인연을 강조한다. 삶의 모든 것이 인연에 의해서 일어난다고 보는 것이다. 삶은 우연과 운명이 끊임없이 얽혀 만드는 것이다. 우연인지 운명인지는 신만이 알 수 있다.

운명은 베토벤의 교향곡 5번처럼 웅장하게 오는 것이 아니다. 우연을 가장하고 온다. 나에게 우연하게 찾아온 사람과 기회가 나에게 운명적인 것이 될 수 있다. 갑작스럽게 찾아온 행복이나 불행도 있지만 인생에서는 우연히 찾아오는 작은 일들이 시간과 함께 커져 삶을 바꾸기도 한다.

기회도 그것이 올 때 '기회'라고 표시하고 오는 것이 아니듯이 운명도 천둥처럼 요란하게 오지 않는다. 바람처럼 소리 없이 오는 우연을 스쳐지나갈 수도 있고, 꽉 잡을 수도 있다. 어쩌면 운명은 우연으로 다가오는 것에 대한 나의 마음과 행동이 아닐까.

맞선을 보고 상대가 초등학교 동기라는 것을 알았다. 집에 와서 앨범을 보니 어렴풋이 생각났다. 6학년 2학기에 시골에서 우리 반으로 전학 온 아이였다. 스쳐지나갈 수도 있었지만 동기라는 것이 마음에서 조금씩 자리 잡고 있었다. 우연에서 운명으로 무게중심이 옮겨가는 것 같았다. 그 아이는 아내가 되었다. 우리의 운명은 처음부터 정해진 것인지 스스로 선택한 것인지 지금도 아리송하다.

나를 찾아 떠나는 여행

변화는 나다워지는 것

 자신을 바꾸어 다른 사람이 된다는 것은 가장 비효율적인 방법이다. 성공의 가능성이 별로 없다. 변화의 핵심은 자신을 바꾸는 것이 아니라 진정한 자신을 찾아가는 여정이라는 점을 놓쳐서는 안 된다. 자신이 누구인지 처음부터 잘 알고 있는 사람은 없다. 자신은 가장 알기 어려운 대상이다. 이것을 알아가는 것이 인생의 과제다. 점점 자기다워지는 것, 이것이 바로 진정한 변화다.

《오늘 눈부신 하루를 위하여》

피에타, 다비드 등 위대한 명작을 남긴 미켈란젤로는 조각 작업은 '불필요한 부분을 제거하는 과정'으로 표현했다. 그는 "나는 대리석에서 천사를 보았고, 내가 그를 자유롭게 할 때까지 조각했다."고 말했다. 또한 그는 다비드 상을 조각하기 전 오랫동안 대리석과 침묵의 대화를 나누면서 그곳에서 자신을 기다리고 있던 다비드를 보았다. 다비드가 아닌 불필요한 부분을 조심스럽게 쪼아내기 시작했다.

자기계발은 다른 사람의 강점을 배우는 것이 아니라 자신 안에 있는 강점을 찾는 것이다. 대리석 안에 갇혀 있는 위대한 모습을 보고 그것을 드러내기 위해 불필요한 돌을 조금씩 쪼아내어 마침내 위대한 작품을 세상에 내놓는 미켈란젤로처럼 자신 안에 있는 위대함을 발견하고 나머지를 깎아내는 것이 자기계발이다. 가장 자기다운 것을 찾아 나머지는 버리는 것이다.

청중에서 주인공으로

우리는 그저 청중이나 관객으로 객석에 앉아 있을 수도 있다. 다른 사람이 주인공인 음악회나 축구 경기를 보고 있을 수도 있다. 그들의 삶을 구경하는 증인이 될 수도 있지만, 자신은 한 번도 주인공이 된 적이 없다면 슬픈 일이다. 인류를 위해 한순간의 빛조차 된 적이 없다면 '나'에게 주어진 시간은 무엇인가?

어떤 사람이 삶의 길을 걸어오다가 '나'에게 이르러, 눈을 크게 뜨고 잠시 매료되는 순간을 만들어낼 수 없다면 '나'는 이 세상에서 무엇이었던 것인가? 미치지 못하고 세상을 산다는 것은 미친 짓이다. 《낯선 곳에서의 아침》

2002년 6월 월드컵 경기가 있던 날 나는 TV앞에서 맥주를 마시며 열광했다. 4강의 신화를 쓰고 월드컵의 막이 내릴 때쯤 '붉은악마가 뛸 때 나는 무엇을 했나' 생각하니 마음속에서 찬바람이 불어왔다. 나도 주인공으로 한 번 뛰고 싶은데 무엇을 해야 하나 생각

끝에 책을 써보기로 했다. 나도 그라운드는 아니지만 태극전사처럼 뜨겁게 뛰었다. 8개월 후 첫 책이 나왔다.

어떤 사람에게는 열정을, 또 어떤 사람에게는 희망을 주었다. 이 책으로 가장 열정을 느끼고 희망을 가진 사람은 바로 나였다. 그동안 마음에 들지 않았던 내가 마음에 들었고 나를 사랑할 수 있었다. 책을 읽기만 하다가 책을 쓸 수 있는 자신이 대견했다. 다른 사람이 나를 어떻게 보는가에 신경을 쓰기보다 내 스스로가 나를 다시 보게 되었다. 나에게 금메달을 달아주고 싶었다.

변화의 대상 아닌 주체로

나는 변화의 대상이 되면 필연적으로 공격을 받게 되어 있다는 것을 상기시킨다. 변화의 주체가 되는 것, 상황의 먹이가 되어 쫓기기 전에, 자신의 상황을 주도하는 주인이 된다는 것이 변화의 요결임을 강조한다. 그 길은 어려운 길이다. 그 길은 껍데기를 버리고 진정한 자기 자신을 붙잡고 일어서야만 하는 자기존중과 애정이 필요한 대장정이다. 《나, 구본형의 변화 이야기》

'불가승재기 가승재적(不可勝在己 可勝在敵)'이라는 말이 있다. 손자병법에 나오는 말로 "적이 나를 이기지 못하도록 하는 것은 나에게 달려 있고, 적을 이길 수 있는 요건은 적에게 달려 있다."는 뜻이다. 이 말에 비추어보면 내가 공격을 받는 것은 그 원인이 나에게 있는 것이지 상대에게 있지 않다는 것이다. 자신에게 버릇없이 구는 사람이 많다면 자신의 행동을 돌아보고, 자신을 꼰대라고 말하는 사람이 있으면 자신의 생각을 돌아보라. 문제의 원인이 자신에게 있다는 것을 아는 사람은 문제해결의 열쇠를 가지고 있는 것이다.

내가 나임을 깨닫는 것

변화는 유행이 아니다. 머리카락에 노랑물을 들이는 것이 아니다. 그런다고 백인이 되지 않는다. 나를 버리고 다른 사람이 되는 것은 초라하고 비루한 일이다. 비웃음만 살 뿐이다. 고양이가 되고 싶은 가여운 쥐에 지나지 않는다. 좋은 변화는 주변으로부터 핵심을 향하는 내면화작업이다. 쥐가 쥐임을 깨닫는 것이고 쥐로서 사는 것이다. 그리고 자신이 특별한 동물임을 인식하는 것이다.

《떠남과 만남》

불교에서 말하는 해탈이란 공간을 벗어나는 것이 아니라 그 안에서 자유로워지는 것이다. 오리가 어느 날 백조가 되는 것이 변화가 아니다. 엉덩이가 무거워 뒤뚱거리며 걸어가면서 비둘기처럼 날지 못하는 것을 부끄러워하는 오리가 아니라 땅이면 땅, 물이면

물, 하늘이면 하늘, 육해공을 입체적으로 살아가는 유일한 존재임을 자각하는 것이 진정한 변화다. 쥐는 아무리 발버둥을 쳐도 고양이가 될 수 없지만 세상에서 가장 유명한 쥐, 미키마우스가 될 수는 있다.

한 번 깨달은 수도자는 흔들리더라도 바로 돌아올 수 있는 것처럼 자신의 존재를 자각한 사람은 더 이상 다른 사람처럼 살아가지 않고 자신으로 살아갈 수 있다.

화이부동

 숫자가 많다는 것이 안전의 증거는 아니다. 군중이 몰려갈 때 더불어 휩쓸려 가는 것이 현명한 처세술은 아니다. 한때는 '모나지 않은 것'이 자제와 겸손의 상징이었고, '가만히 있으면 중간은 간다'는 말이 전통적인 충고였다. 그러나 이제는 그것이 '그저 그렇다'는 뜻이 되었다. 《세월이 젊음에게》

'화이부동(和而不同)'은 내가 논어에서 가장 좋아하는 말이다.

니체가 말하는 초인은 자신을 넘어서는 무언가를 창조하는 사람이다. 이와 대비되는 인간이 최후의 인간이다. 그들은 메뚜기떼처럼 대중의 보편적인 가치를 추구하고 따르는 사람이다.

타인과 어울리기만 하고 자신의 생각이 없는 사람은 메뚜기의 삶이고, 자신의 생각대로 사느라고 타인과 어울리지 못하면 독불장군이다. 둘 다 바르지 못한 삶이다. 평범하기만 해서도 안 되며 아스팔트 위의 돌처럼 드러나서도 안 된다. 초인이라도 독불장군으로 살 수는 없다. 가장 이상적인 형태는 다른 사람들과 어울리되 자신으로 사는 것이다. 이것이 화이부동의 삶이다. '사람 좋다'는 말은 이제 더 이상 칭찬이 아니다. 강 속에서 살되 연어처럼 거슬러 갈 수 있어야 한다.

생각의 성장

 철학책을 읽는 것은 철학자들의 생각을 알고 싶은 것이 아니라 나 자신의 생각을 알고 싶기 때문일 것입니다. 말하자면 자신의 철학을 만들고 가다듬고 정리하고 부수고 재편하는 '생각의 성장'을 위한 것이 아닐까 합니다. 그걸 저는 변화라고 부르지만요. 생각이 자라지 않는 변화는 그래서 본질적일 수 없습니다. 　　　　　　　　　　　　　　　　　　　　　　　《일상의 황홀》

우리가 어디를 가려고 할 때 이미 그 곳에 갔다온 사람이 있다면 그에게 물어보는 것처럼, 우리가 알아야 할 것이 있다면 그것을 먼저 생각해본 사람들의 생각을 얻는 것이 현명하다. 철학자들은 세상을 보는 방식과 어떻게 살아야 하는가를 생각하는 사람이다. 동서양의 많은 철학자들의 생각을 읽고 삶의 진리와 지혜를 얻는다면 삶이 흔들리더라도 제자리를 찾을 수 있다.

깨달았다고 해서 삶의 고통과 무게가 줄어드는 것은 아니다. 그것을 이해하고 견디는 힘과 지혜가 생기는 것이다. 부처도 죽음을 피할 수 없었다. 다만 죽음의 본질을 알고 자연스럽게 받아들이는 힘이 생긴 것이다. 철학을 안다고 해서 고통이 없어지는 것은 아니지만 고통의 본질을 이해하게 된다.

삶의 보편적인 철학을 가진 다음에는 자신의 철학을 가져야 한다. 철학이 복잡한 것 같아도 몇 가지로 귀결되는 삶의 지혜가 있다. 행복은 일상의 작은 것에서 오는 것이며, 시간은 '지금 현재'의 연속이며, 자신을 알고 자기답게 사는 것이 가장 잘 사는 것이다.

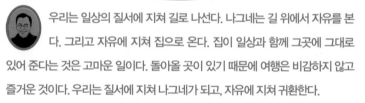

길 위에서 배운다

우리는 일상의 질서에 지쳐 길로 나선다. 나그네는 길 위에서 자유를 본다. 그리고 자유에 지쳐 집으로 온다. 집이 일상과 함께 그곳에 그대로 있어 준다는 것은 고마운 일이다. 돌아올 곳이 있기 때문에 여행은 비감하지 않고 즐거운 것이다. 우리는 질서에 지쳐 나그네가 되고, 자유에 지쳐 귀환한다.

《일상의 황홀》

"사람들은 그들이 있는 곳에서는 언제나 만족하지 못한다."

《어린 왕자》에서 철도원이 한 말이다.

아무리 좋은 것도 내 손에 넣으면 얼마 안 가서 싫증이 나고 아무리 좋은 곳도 그곳에 사는 사람은 좋은 줄 모른다. 여행자는 길 위에서 자유를 느끼지만 수녀는 폐쇄적인 기도원에서 자유를 느낀다. 괴테는 이탈리아 여행을 통해 새로운 세계와 만나 자신의 생각과 삶을 넓고 깊게 만들었다. 반면 칸트는 평생 자신의 고향을 벗어난 적이 없지만 자신의 위대한 철학을 완성했다.

어떤 여행은 삶을 바꾼다. 집은 그대로인데 돌아올 때 다르게 보이는 것은 여행을 통해서 사람이 바뀌었기 때문이다. 여행은 낯선 것을 경험함으로써 익숙한 것을 새롭게 보는 눈을 가지게 한다. 집으로 돌아온 여행자는 익숙한 집에서 새로운 것을 보게 된다.

과거의 재활용

과거와의 결별은 과거를 폐기하여 쓰레기통에 버리는 것이 아니라 과거를 재활용하는 것이다. 빈손으로 과거 속에서 걸어 나오는 것이 아니다. 과거 속에서 우리는 아직 쓸 만한 지식을 들고 나오고 시행착오를 들고 나오고 교훈을 들고 나오고 새로운 도전의식을 들고 나온다. 이것이 바로 역사가 미래에 기여하는 방식이다.　《내가 직업이다》

사부의 경쟁력은 IBM에서 20년간 근무한 경력에서 나왔는데 강연 때 사회자가 그를 소개하면서 직장 경력을 빼고 책 위주로 소개하는 것을 서운하게 생각했다고 한다. 직장을 나와 저술을 하고 강연을 하면서 그는 자신이 20년간 직장인이었다는 것, 직장인이 무엇인지 누구보다 잘 알고 있다는 사실이 최고의 자산이라는 것

을 깨닫게 되었던 것이다. 거기다가 대학에서 전공한 역사학과 대학원에서 전공한 경영학이 시너지 효과를 내어 변화경영전문가가 된 것이다. 역사 중에서도 혁명사에 관심이 많았다고 하니 그는 자신의 과거를 현재에 불러들여 꽃을 피운 것이다.

과거란 '한때 최선을 다한 현실'이다. 과거가 보잘것없다고 다 버릴 수는 없다. 다시 쓸 수 있는 것은 골라내야 한다. 나도 회사를 그만둘 때는 전 직장과 관련 없는 분야에서 새로운 사업을 해보려고 했지만 뜻대로 되지 않아 제철설비에 쓰이는 철강자재를 공급하는 일을 하였다. 만족할 수는 없었지만 과거의 지식과 경험을 활용할 수 있었다. 절반의 성공이라 볼 수도 있고 절반의 실패라고 볼 수도 있는 삶이었다. 지식과 경험이 없는 분야를 배워서 하는 것보다 이미 알고 있는 분야를 더 깊게 파고들어 가는 것이 시행착오를 줄이는 길이다.

완벽하게 맞는 곳은 없다

 기업문화가 당신에게 어울리지 않을 경우, 다른 곳으로 떠나라. 능력의 문제가 아니라 기질과 가치관의 차이가 심각할 때는 떠나는 것이 좋다. 객관적으로 좋은 기업이라는 브랜드파워는 중요하지만, 나와의 궁합 역시 그에 못지않게 중요하다. 즐길 수 없으면 떠나는 것이 좋다. 《내가 직업이다》

처음에는 이런 말이 좋게 들렸다. 나도 이런 말에 넘어가서 회사를 떠났고 남아있는 사람에게도 안 맞으면 떠나라고 했다. 그러나 떠나는 일은 아무나 할 수 있는 일이 아니다. 이곳을 떠나면 어디라도 갈 수 있는 사람은 가볍게 떠나도 된다. 과연 그런 사람이 얼마나 될까?

이런 문제는 회사에만 국한되는 것이 아니다. 결혼도 마찬가지다. 지금 살고 있는 사람과 성격이 안 맞아서 이혼하고 다른 사람과 결혼하면 잘 살 수 있을까? 이 세상 어떤 사람도 자신과 완벽하게 맞는 사람이 없듯이 이 세상 어느 회사라도 자신과 완벽하게 맞는 곳은 없다.

부부가 서로 맞추어가며 살아가듯이 회사도 자신과 안 맞더라도 자신이 맞추도록 노력해보면 어떨까? 있을 때는 작게 보이던 것이 나오고 나면 크게 보인다. 나오면 더 작은 데도 못 들어가는 수도 있다. 산 속에 있을 때는 산을 보지 못한다. 내려오면 비로소 보이는 것을.

경영은 한정된 자원을 활용하여 원하는 목적을 얻는 것이다.

자원 중에서 가장 활용하기 까다로운 것이 사람이다.

사람을 잘 이해하고 마음을 얻을 수 있다면 세상을 얻을 수 있다.

경영은 비즈니스나 큰 조직에만 한정된 것이 아니다.

우리의 삶 자체가 경영 현장이다.

가정이나 삶의 일상 어디에서나 경영마인드가 필요하다.

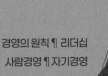

경영의 원칙 ¶ 리더십
사람경영 ¶ 자기경영

우리는 자신의 삶을 경영한다.

자기내면에서 울리는 소리를 들어야 하고 삶의 방향을 찾아야 한다.

현재의 상황을 객관적으로 볼 수 있는 판단력과

미래를 볼 수 있는 통찰력이 있어야 한다.

무엇보다 자제력이 있어야 한다.

내가 이겨야 할 상대는 바로 나 자신이고 자신을 지키지 못하면 다 무너진다.

경영의 원칙

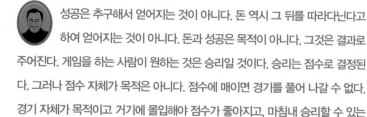

돈을 따라다니지 마라

성공은 추구해서 얻어지는 것이 아니다. 돈 역시 그 뒤를 따라다닌다고 하여 얻어지는 것이 아니다. 돈과 성공은 목적이 아니다. 그것은 결과로 주어진다. 게임을 하는 사람이 원하는 것은 승리일 것이다. 승리는 점수로 결정된다. 그러나 점수 자체가 목적은 아니다. 점수에 매이면 경기를 풀어 나갈 수 없다. 경기 자체가 목적이고 거기에 몰입해야 점수가 좋아지고, 마침내 승리할 수 있는 것이다. 모든 사람이 이 사실을 알고 있다. 그러나 대부분의 사람들은 늘 점수에 매여 있다.

《그대, 스스로를 고용하라》

행복은 모든 사람들이 추구하는 가치다. 그러나 추구한다고 해서 얻어지는 것이 아니다. 돈도 그렇다. 자신이 생각하는 삶을 살아갈 때 순간순간 느끼는 감정이 행복이듯이 돈도 자신의 기질과 부합하는 분야에서 열정을 다할 때 따라오는 것이다. '게으른 놈이 밭고랑만 센다'는 속담이 있다. 일상에 몰입하지 않고 돈만 생각하는 사람은 일은 하지도 않고 밭고랑만 세는 사람과 같다.

기업이 존재하는 이유

이익이 없이 기업은 존속할 수 없다. 그러나 이익만을 위해 기업이 존재하는 것은 아니다. 기업은 자신의 존재 이유가 뚜렷하고, 그것을 엄격히 지킬 수 있을 때 비로소 고객에게 유익한 경영 활동을 할 수 있게 된다. 이익은 그 대가이며, 이러한 경영 활동의 결과일 뿐이다. 이익이 목적인 기업은 고객으로부터 신뢰를 받을 수 없다. 왜냐하면 고객은 기업의 이익이나 챙겨주기 위해 존재하는 바보가 아니기 때문이다. 《익숙한 것과의 결별》

기업이 존재하는 이유는 이윤이지만 겉으로 드러내면 안 된다. 사람들이 모두 자신을 위해 살지만 이기주의로 살아서는 안 되는 것과 같은 이유다. 기업의 이익은 고객으로부터 나오는데 돈 냄새가 나는 기업을 위해 고객은 자신의 지갑을 열지 않는다.

개인의 이익도 마찬가지다. 적당한 이타주의로 살아가는 사람만이 다른 사람으로부터 도움을 받을 수 있다. 가장 이기적인 사람이 가장 많은 손해를 본다. 결국 기업이나 개인이나 자신의 이익이 되기 위해서는 고객의 이익을 먼저 생각하고 고객의 마음을 열어야 하는 것이다.

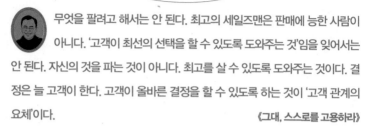

팔려고 하지 마라

무엇을 팔려고 해서는 안 된다. 최고의 세일즈맨은 판매에 능한 사람이 아니다. '고객이 최선의 선택을 할 수 있도록 도와주는 것'임을 잊어서는 안 된다. 자신의 것을 파는 것이 아니다. 최고를 살 수 있도록 도와주는 것이다. 결정은 늘 고객이 한다. 고객이 올바른 결정을 할 수 있도록 하는 것이 '고객 관계의 요체'이다.

《그대, 스스로를 고용하라》

해물찜을 잘 하는 식당에서 大자를 시켰다. 4명이 먹으려면 그 정도는 시켜야 되는 줄 알았는데 주인이 中자를 시켜도 충분하다고 했다. 밑반찬이 많이 나와서 모자라지 않았다.

한 번은 친구들과 다른 집에 점심식사를 하러 갔다. 복매운탕을 주문했는데 종업원의 표정이 뚱했다. 주문한 것이 냉동이라고 하면서 생복을 추천하였다. 가격 차이는 4천원이다. 그녀가 고객을 생각해서 그렇게 하는 줄 알고 따랐다. 얼마 후 그 가게에 다시 가게 되었다. 이번에도 냉동 복을 주문했고 그녀는 또 생복을 추천하였다. 고객보다 이윤이 우선이라는 생각이 들어 냉동 복을 고수했다. 마지못한 종업원의 태도에 먹는 동안 기분이 좋지 않았다. 다시는 그 집에 가지 않았다. 몇 년 뒤 그 집은 문을 닫고 다른 가게가 들어섰다. 고객을 먼저 생각하는 해물찜 식당은 지금도 성업 중이다.

비즈니스의 핵심은 인간이다. 비즈니스는 인간적인 것이다. 우리는 결국 감정의 세계로 뛰어들지 않으면 안 된다. 그러므로 비즈니스는 인문과학에 속해 있고 인문학적인 감수성을 절대적으로 필요로 한다. 이 간단한 메커니즘을 진심으로 믿을 수 있을 때, 자기 혁명은 실행된다.

그리고 가장 자기다운 소리를 만들어냄으로써 세상과 훌륭한 조화를 이루어낼 수 있다. 《그대, 스스로를 고용하라》

인간, 즉 고객을 생각하지 않는 비즈니스는 존재할 수도 없고 존재해서도 안 된다. 기업인들은 "고객은 왕이다" "고객은 항상 옳다" 등의 문구를 사용하며 고객을 유치하고 관리하는 데 사활을 건다. 기업의 핵심이 고객에게 있으며 고객으로부터 돈이 나온다는 것을 알고 있기 때문이다. 사회에서 "인문학이 죽었다"고 할 때 인문학에 먼저 눈을 돌린 사람들이 기업가들이다. 대표적인 사람이 스티브 잡스다. 그는 기술과 인문학의 결합이 비즈니스의 핵심이며, 비즈니스란 사람에 대한 깊은 이해와 관심이 성공의 핵심요소란 것을 잘 알았던 것이다.

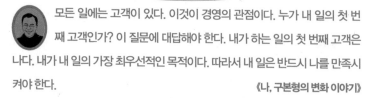

모든 일에는 고객이 있다. 이것이 경영의 관점이다. 누가 내 일의 첫 번째 고객인가? 이 질문에 대답해야 한다. 내가 하는 일의 첫 번째 고객은 나다. 내가 내 일의 가장 최우선적인 목적이다. 따라서 내 일은 반드시 나를 만족시켜야 한다.

《나, 구본형의 변화 이야기》

고객을 만족시키려면 내놓는 물건이 좋아야 한다. 특별하지 않으면 고객은 만족하지 않는다. 한두 번은 운 좋게 넘어갈지 몰라도 더 이상은 안 된다. 한 번 실망한 고객은 돌아오지 않는다. 식당을 한다면 최고의 음식을 내놓아야 하고, 작가나 예술가라면 자신이 먼저 감동할 만한 작품을 내놓아야 한다.

도공(陶工)이 도자기를 구운 후 마음에 들지 않으면 망치로 부수는 것을 보고 의아하게 생각한 적이 있었다. 싸게 팔 수도 있는데 왜 부수는 걸까? 나 스스로 만족하지 못하기 때문에 세상에 내놓지 못하는 것이다. 그것이 스스로의 자존심을 지키는 것이며 명장의 생명을 이어가게 만드는 길이라는 것을 알기 때문이다.

리더십

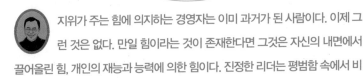

진정한 리더

지위가 주는 힘에 의지하는 경영자는 이미 과거가 된 사람이다. 이제 그런 것은 없다. 만일 힘이라는 것이 존재한다면 그것은 자신의 내면에서 끌어올린 힘, 개인의 재능과 능력에 의한 힘이다. 진정한 리더는 평범함 속에서 비범함을 읽을 수 있는 사람들이다. 《오늘 눈부신 하루를 위하여》

사부는 부드러운 카리스마를 가진 사람이다. 자신의 존재가 큰 나무였기 때문에 그늘 밑으로 사람들이 모여들었다. 제자들의 고민을 다 들어주고 대기설법의 가르침을 주었다. 너무 앞서가는 사람에게는 겸손을, 지나치게 소심한 사람에게는 용기를 가르쳤다. 나에게는 유머와 꾸준함 그리고 평범 속에 지니고 있는 비범함을 일깨워주었다.

자신에게 없는 것은 볼 수 없다. 자신이 비범함을 지녀야 상대의 평범함 속에서 비범함을 읽을 수 있다. 사부가 그런 분이다.

리더는 유혹하는 사람

모든 위대한 리더는 유혹에 능한 사람들이다. 그들은 강력한 카리스마로 자신을 포장하든지, 크고 부드러운 젖가슴으로 지그시 눌러 이성을 질식시키든지, 위대한 사상을 통해 혼을 빼앗거나 달콤한 꿈속으로 사람들을 몰고 간다. 매력이 없는 리더란 없다. 리더는 반드시 자신의 매력으로 대중을 사로잡는다. 유혹은 매력 없이는 불가능하다. 그리고 매력은 가장 자기다운 것에서 발산되는 페로몬이다. 《나, 구본형의 변화 이야기》

리더는 사람의 마음을 얻어 사람을 움직이게 하는 사람이다. 자신의 이익만을 위하는 사람을 따르는 사람은 없다. 자신의 그릇 크기만큼 사람이 따른다.

"세상에서 가장 어려운 일은 사람이 사람의 마음을 얻는 일이란다."

《어린 왕자》에 나오는 말이다.

초(楚) 장왕(莊王)의 절영지회(絶纓之會)도 장수의 마음을 얻기 위한 것이고, 종기를 앓는 병사를 위해 고름을 빨아준 오기 장군의 행동도 부하의 마음을 얻기 위한 것이었다.

실크로드에 곽거병 장군의 전설이 있는 주천(酒泉)이란 곳이 있다. 그는 한무제의 명령으로 흉노족 토벌에 나섰다. 승전보를 들은 왕은 그의 승리를 치하하기 위하여 술을 하사하였는데 그는 이 술을 주천이라는 샘에 부어 병사들과 나누어 마셨다. 술맛은 느끼지 못했겠지만 병사들을 생각하는 장군의 깊은 뜻에 감탄한 병사들의 사기가 충천하였음은 불을 보듯 훤하다.

부하에게도 리더십이 필요하다

리더십은 지위에 대한 것이 아니다. 리더란 직위나 조직의 크기와는 아무런 관계가 없다.
어떤 집단을 이끌 수 있다면 그 사람이 바로 리더다. 직함과 직위가 없어도 그가 바로 실질적인 리더들이다. 리더는 스스로를 주도하는 사람이다. 부하직원이라도 상사에게 긍정적인 영향력을 미칠 수 있다. 상사로 하여금 우리를 돕게 할 수 있고, 상사에게 영감을 주고, 상사가 공을 세우게 하고, 상사를 격려하고 고무시킬 수 있다. 부하직원 없이는 상사가 성과를 달성할 수 없다.

《구본형의 THE BOSS 쿨한 동행》

리더는 다른 사람을 움직이게 하는 권한이 있는 사람이다. 명령하여 움직이게 하는 것보다 스스로 움직이게 하는 사람이 진정한 리더다. 권한이 있으면 책임도 따르며 다른 사람의 비판을 받아들이는 것은 물론이고 스스로를 심판할 수 있어야 한다.
대부분의 리더십은 부하에 대한 상사의 리더십이다. 상사의 리더십도 어려운데 부하의 리더십은 더욱 어렵다. 그것은 맨손으로 칼을 든 사람을 상대하는 것이다. 맞붙으면 죽는다. 칼을 든 사람이 스스로 내려놓게 하거나 칼의 방향을 다른 곳으로 돌리게 해야 한다.

니체는 모든 인간은 '권력의지'를 가지고 있는데 심지어 하인도 주인에 대한 권력의지가 있다고 했다. 그러나 하인의 권력의지는 드러내놓고 쓸 수가 없다. 주인의 권력이 태양이라면 하인의 권력은 달빛처럼 은은하게 비춰야 한다. 달빛은 태양을 이길 수는 없지만 밤을 밝힐 수는 있다.

수평적 조직

명령하되 자존심을 건드리지 않으며 마치 그 직원이 스스로 결정한 것처럼 만들어주어야 한다. 또한 자기 일을 하듯 헌신적으로 일하도록 동기를 부여해야 한다. 중간관리자들은 이런 기술들을 익히도록 훈련을 받는다. 수평적인 조직을 지향하는 기업에서는 중간관리자를 리더나 스폰서로 대체해서 부르기도 한다. 스폰서나 멘토라는 또 다른 역할 기능을 이식시키려고 애를 쓰는 것이다. 조직의 경쟁력이 창의력과 상상력에 크게 의존하게 되면서 수평적 조직으로의 전환은 필연적인 추세다. **《구본형의 THE BOSS 쿨한 동행》**

명령해도 행해지지 않는 것이 최악의 관리자라면, 명령하지 않아도 행해지게 하는 것이 최고의 관리자다. 시키는 일을 잘 하는 것은 좋은 부하가 아니다. 시키지 않아도 권한 범위 내에서 스스로 알아서 하는 것이 최고의 부하다. 그런 사람은 드물다.

수직적 조직이 위에서 떨어지는 물로 물레방아를 돌리는 것이라면 수평적 조직은 조용히 펌프로 물을 올리는 것과 같다. 물레방아가 추억 속에서만 존재하듯이 수직적 권위주의도 역사 속으로 사라지고 있다.

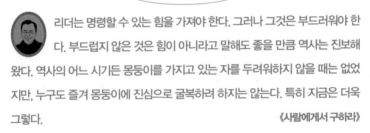

부드러운 카리스마

리더는 명령할 수 있는 힘을 가져야 한다. 그러나 그것은 부드러워야 한다. 부드럽지 않은 것은 힘이 아니라고 말해도 좋을 만큼 역사는 진보해왔다. 역사의 어느 시기든 몽둥이를 가지고 있는 자를 두려워하지 않을 때는 없었지만, 누구도 즐겨 몽둥이에 진심으로 굴복하려 하지는 않는다. 특히 지금은 더욱 그렇다.

《사람에게서 구하라》

노자, 공자, 장자는 수신(修身)을 강조하였다. 외면의 힘보다는 내면의 힘을 기르라고 하였다.

말을 유창하게 하는 것도 경계하였다. 자신이 부자라는 것을 자랑해야 할 정도라면 부자가 아니듯이 자신의 강함을 증명해야 한다면 진정으로 강한 것이 아니다. 강한 사람은 싸워서 이기는 사람이 아니라 싸울 필요가 없는 사람이다. 장자의 목계(木鷄)에서 그런 지혜를 배운다. 자신이 정말 그러한 사람이라면 다른 사람들이 먼저 안다.

리더는 명령할 수 있는 힘을 가졌지만 함부로 사용해서는 안 된다. 힘도 가끔 써야 효과가 있다. 명령하는 자는 복종하는 자보다 몽둥이가 큰 것이 아니라 생각이 커야 한다.

지배하지 않는 권위

 지식사회로 발전해 오면서, 전통적 권력은 이제 상징적으로만 남게 되는 경향이 있다. 말하자면 '군림하나 지배하지 않는다'는 개념으로 바뀌어 갔다. 카리스마적 영웅들은 체제가 안정되면서 다양한 사회적 요구가 분출되기 시작하면 그 위력을 잃어가는 경향이 있다. 위기의 시대는 영웅을 부르지만, 평화의 시대에는 누구도 간섭하지 않는 자유를 원하기 때문이다.

《사람에게서 구하라》

불교는 '분별력은 키우되 분별심은 없애야 한다'고 가르친다. 비슷하지만 완전히 다르다. 민주사회에서도 권위는 반드시 있어야

할 중요한 덕목이지만 권위주의는 사라져야 할 구시대의 유물이다. 분별력과 분별심은 객관적인 사실로 판단하느냐, 자신의 주관적인 생각으로 판단하느냐의 차이며, 권위와 권위주의는 다른 사람이 세워주느냐, 자신을 스스로 세우느냐의 차이다.

수영을 처음 배울 때 몸이 가라앉는 이유는 몸에 힘을 주고 머리를 치켜들려고 하기 때문이다. 권위를 내세우려고 힘을 줄수록 권위는 없어지며 꼰대 취급을 받는다. 권위는 자리로 내세우는 것이 아니라 전문성과 품격에서 나온다.

⁝ 사람 경영

───────────── 장사꾼과 사업가 ─────────────

문화적 상징과 철학은 사업에 엄청난 도움을 준다. 그것을 가지지 못할 때, 고객들의 눈에 비친 기업은 '장사꾼'에 지나지 않는다. 장사꾼은 이익에 따라 움직일 뿐이다. 그들은 고객을 보호하지 않는다. 다른 사람의 이익을 위해 이용당하고 싶은 사람은 없다. 그것이 인간이다. 당신이 장사꾼으로 보이는 날, 당신은 시장에서 끝났다 생각하라.　　　　《그대, 스스로를 고용하라》

모든 사람은 목적으로 대해야 한다. 인간관계의 대부분의 문제는 사람을 목적이 아닌 수단으로 대하는 데서 온다. 사람을 목적으로 대하는 사람은 사업가가 될 수 있지만 수단으로 대하는 사람은 장사꾼을 벗어날 수 없다. 국민을 위해 일하는 사람은 정치인이지만 표를 위한 수단으로 생각하는 사람은 정치꾼이다. 표도 돈도 사람에게서 나온다. 자신을 수단으로 대하는 사람에게 사람들은 지갑과 마음을 열지 않는다.

경영은 이제 모든 경제활동과 경제적 거래의 이면에 숨어서 인간의 욕망을 구체화하고, 가치를 결정하고, 생산요소를 결합하는 가장 중요한 경쟁력으로서 인간의 문제를 우선적으로 다루어야 한다. 그러나 종종 우리는 우수한 기술과 최신의 설비, 검증된 프로세스와 프로그램에 얽매여 제품과 서비스를 생산하는 사람 그리고 그것을 소비하는 고객으로부터 멀어지는 실수를 범할 때가 많다. 이것이 기업이 몰락하는 가장 큰 이유다. 경영은 사람이다. 사람의 마음을 달궈내지 못하는 사람은 좋은 경영자도 좋은 리더도 될 수 없다.   《코리아니티 경영》

인간의 문제를 다루는 것이 인문학이다. 스티브 잡스는 "애플은 과학기술과 인문학의 접점에 있다."고 말했다. 인문학만으로 돈이 되지는 않지만 인문학은 돈이 되는 방향을 알려준다.

아무리 기술이 발달해도 일을 하는 것은 사람이고, 사람을 모르면 경영을 할 수 없다. 좋은 리더는 자신을 알고 사람을 알고 일을 아는 사람이다. 일과 사람을 조화롭게 연결하는 것이 리더의 역할이다. 담당자는 기술만 알아도 되지만 경영자는 기술과 사람을 다 알아야 한다. 위로 올라갈수록 사람이 더 중요하다.

평준화에서 개인화로

 유감스럽게도 산업화 과정을 겪으면서 우리가 성공의 비결이라고 여겨온 것은 평준화와 탈개성, 그리고 충성이었다. 주위를 둘러보라. 조직 구성원의 90% 이상은 다 똑같은 사람들이다. 어쩌면 99%인지도 모른다. 똑같이 생각하고 똑같이 차려입고 다닌다. 평준화된 사람들은 결코 차별화를 만들어낼 수 없다. 어제의 성공이 오늘은 실패의 원천이 되고 말았다. 이것을 우리는 '성공의 실패'라고 부른다. 강점은 언젠가 약점의 뿌리가 될 수밖에 없다.

《오늘 눈부신 하루를 위하여》

회사생활을 할 때는 튀면 안 되었다. 요즘은 모두가 "예스"라고 말할 때 "노"라고 말하는 사람이 신선하게 보이지만 과거에는 환영받지 못했다. 회의시간은 상사의 말을 받아 적는 시간이었고, 개인 생각을 말하는 사람은 튀는 사람으로 취급되었다. 상사들은 부하들의 지혜보다는 땀을 더 원했다.

과거에는 회사는 직원들이 회사형 인간이 되기를 원했다. 가장 많이 듣던 소리는 '단결심과 일사불란'이었다. 회사에서도 회사생각, 집에 가서도 회사생각을 하는 사람을 인재라고 생각했다. 지금은 달라졌다. 퇴근시간에도 퇴근하지 않고 일하고, 휴일에도 쉬지 않고 출근하는 직원은 무능하게 보인다. 자신의 생각이 없는 사람은 개성 없는 사람으로 간주된다.

회사에서 열심히 하지 말라는 말이 아니라 회사도 중요하지만 나도 중요하다는 뜻이다. 조직과 개인의 조화가 중요하다. 개인은 회사가 책임지지 않는다. 스스로 책임져야 한다.

현대는 집단주의에서 개인주의로 빠르게 바뀌고 있다. 과거에는 자신의 욕망은 물론 자신의 생각을 제대로 드러내지 못했다. 지금은 자신의 욕망과 생각을 표현하며 사는 것이 개성 있고 자주적인 삶으로 인식되고 있다. 자신의 개성이 차별화이고, 차별화가 경쟁력이다.

자기 경영

셀프 리더십

리더십은 높은 지위를 가진 사람들만의 전유물은 아니다. 누구에게나 열려 있다. 조직에서 가장 중요한 리더는 바로 '나'다. 나를 이끄는 사람은 나 자신이어야 한다. 상황이 주어지기 전까지는 우리가 얼마나 많은 능력을 가지고 있는지 잘 모른다. 장애물을 만났을 때 비로소 자신이 무엇을 할 수 있는 사람인지 어느 정도 리더십이 있는지도 알게 된다. 《구본형의 THE BOSS 쿨한 동행》

나를 이끄는 것, 즉 자기 자신을 극복하는 사람이 니체가 말하는 초인이다. 우리 모두는 자기 삶의 리더이며 모든 것은 나로부터 시작한다. 자기 내면에서 울리는 소리를 들어야 하고 삶의 방향을 찾아야 한다. 현재의 상황을 객관적으로 볼 수 있어야 한다. 내가 이겨야 할 상대는 바로 나 자신이고, 내가 이끌어야 할 대상도 바로 자신이다. 부처님의 마지막 가르침이 '자등명법등명'이다. 자신의 등불을 밝혀 스스로를 이끌어야 한다는 가르침이다. 근자감(根自感)은 지양하되 자신에 대한 믿음은 고양시켜야 한다.

셀프평가

좋은 리더는 먼저 자신을 평가할 줄 알아야 한다. 그리하여 주어진 배역을 가장 잘 수행할 수 있도록 준비되어 있어야 한다. 자신의 역량을 모르는 사람이 리더가 되어서는 안 된다. 리더십의 결정적 부재는 무능한 사람이 자신의 그릇과 맞지 않는 높은 지위에 앉아 있다는 사실로부터 온다. 그리고 모자라는 사람이 높은 자리에 오른 후 주변의 중요한 자리를 아부에 강한 더 모자라는 사람들로 채우기 시작하면서 리더십은 타락한다. 《사람에게서 구하라》

《어린 왕자》에서 왕이 이렇게 말한다.

"네 자신을 심판하거라. 그것이 가장 어려운 일이니라. 다른 사람을 심판하는 것보다 자기 자신을 심판하는 것이 훨씬 더 어려운 일이다. 만약 네가 자신을 잘 심판할 수 있다면 그건 네가 진정으로 지혜로운 사람이기 때문이다."

스스로 심판하는 것이 어렵기 때문에 현명한 왕은 충언을 해줄 수 있는 신하를 두었다. 그것과 충언을 받아들이는 것은 별개의 문제다. 충언을 하는 것은 위험하며 받아들이는 것은 어렵다.

자신의 그릇보다 더 높은 자리에 앉으면 본인뿐만 아니라 구성원들이 불행해진다. 우리나라는 준비되지 않은 대통령이 많았다. 그래서 결과가 좋지 않았다. 정상까지 가지 않고 한 단계 밑에 머물렀다면 얼마나 좋았을까 하는 순간이 많았다.

리더에게 아부를 하는 사람이 많은 것은 얻을 것이 많기 때문이다. 리더에게 아부가 먹히는 이유는 칭찬에 굶주려 있기 때문이다. 자신의 능력이 부족하다는 것을 아는 사람일수록 칭찬에 굶주려 있기 마련이다. 집에 양식이 넉넉할 때는 먹지 않아도 배부르지만 양식이 부족하면 먹어도 허기를 느끼는 것과 같다.

셀프경영

자기를 잘 경영하는 사람들은 대중의 속성에 얽매이지 않는다. 권력을 휘둘러 사람들을 패는 무자비한 독재자의 '가끔의 선심'에 안심하지 않으며, 거짓 선지자의 목소리에 감읍하여 울며 광란하는 지지자가 되지도 않는다. 그런가 하면 자신이 처한 환경에 적대하는 분노한 자로서만 머물지도 않는다. 누군가의 교사(巧詐)에 넘어가 이성적 판단을 내리지 못하고, 타인의 명령이 없으면 움직일 수 없는 군중이 되지도 않는다. **《구본형의 신화 읽는 시간》**

혼자 있으면 외롭고 불안하지만 대중 속에 있으면 편안하다. 개인은 양심과 이성이 있지만 대중은 그것이 없다. 횡단보도에 빨간 불이 왔을 때 혼자 건너려면 용기가 있어야 하지만 같이 건너면 쉽게 건널 수 있다. 평소 멀쩡하던 사람이 예비군복만 입으면 이상하게 변하는 남자들을 보면 알 수 있다. 군중심리가 무서운 것이 바로 그 때문이다.

사기꾼에게 잘 속는 사람은 욕심이 많은 사람이다. 욕심이 판단력을 흐리기 때문이다. 자기경영의 요체는 타인의 의견을 경청하되 선택은 자신이 하는 것이다. 그렇게 하기 위해서는 자신의 생각이 바로 서 있어야 한다. 회의가 필요할 때도 있지만 중요한 결정을 할 때는 혼자 생각하는 시간을 반드시 거쳐야 한다.

시 간 08

가장 소중하지만 함부로 대하고, 매일 잃어가고 있지만 느끼지 못하고
충분히 가지고 있지만 항상 없다고 생각하고,
많이 있다고 생각하지만 언제 사라질지 모르는 것이 시간이다.
나에게 주어진 시간이 얼마인지 아무도 모른다.
내일은 반드시 오겠지만 내가 없을 수도 있다.
소중한 시간을 어떻게 다루어야 할까?
꽃을 사랑하는 사람은 꽃을 가꾸는 데, 책을 사랑하는 사람은 책을 읽는 데,
사랑하는 사람과는 함께하는 데 시간을 쓴다.

지금, 여기 ¶ 시간에 관한 철학
오늘 하루 ¶ 여유

나를 사랑한다면 자신이 가장 소중하다고 생각하는 것에 시간을 써야 한다.
시간은 구름이고 바람과 같다.
구름은 지금 있지만 언제 없어질지 모르고
지금 불어오는 바람도 언제 그칠지 알 수 없다.

어떤 일을 할 수 있는 가장 좋은 시간은 언제인가?
모든 것이 완벽하게 갖추어져 있을 때는 바로 '지금'이다.
믿을 건 '지금'과 '오늘'뿐이다.

지금, 여기

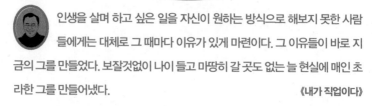

미루면 후회한다

인생을 살며 하고 싶은 일을 자신이 원하는 방식으로 해보지 못한 사람들에게는 대체로 그 때마다 이유가 있게 마련이다. 그 이유들이 바로 지금의 그를 만들었다. 보잘것없이 나이 들고 마땅히 갈 곳도 없는 늘 현실에 매인 초라한 그를 만들어냈다. 《내가 직업이다》

사부로부터 연구원들과 함께 몽골 여행을 하는데 같이 가자는 전화를 받았다. 바쁜 일이 있어 다음에 가겠다며 정중하게 거절했다. 마음은 사부와 함께 말도 타고 밤하늘의 별을 보면서 이야기도 나누고 싶었지만 다음으로 미루었다. 다음에 기회가 또 있을 줄 알았다. 그러나 끝내 사부와 함께 갈 기회는 오지 않았다. 그때 같이 가지 못한 것이 못내 아쉽다. 몽골의 푸른 초원과 밤하늘의 별 그리고 사부와 함께하는 시간을 더 생각했더라면 하는 아쉬움이 너무 크다.

시간을 낸다는 것

'지금 시간을 낸다는 것'은 자신의 시간을 중요한 일에 쓸 수 있다는 것을 말한다. 중요한 일에 시간을 쓰지 못하면 그 시간은 자신의 소유가 아니다. 그것은 당신에게 그 일을 시킨 사람의 시간이 된다. 먹고살기 위해 시간을 팔았다면, 그것은 자유를 판 것이며, 아무래도 훌륭한 행위라고 말할 수는 없다. 따라서 자신의 삶을 위해 시간을 낼 수 있도록 해야 한다. 《익숙한 것과의 결별》

일상에서 가장 많이 하는 말이 "바빠서" "시간이 없어서" 라는 말일 것이다. 이런 말은 자신과 상대에게 핑계로 하는 말일 뿐 시간이 없는 것이 아니라 마음이 없다는 말이 아닐까.

누구나 오래 살고 싶어 하지만 시간을 중요한 일에 쓰려고 노력하는 사람은 적다. 우리가 시간을 지배하지 못하면 시간이 우리의 삶을 삼켜버릴 것이다. 시간이 곧 생명이다. 시간을 낸다는 것은 마음을 낸다는 것이며, 생명의 일부를 낸다는 것이다. 우리의 삶은 한정된 시간을 보내다 가는 것이다. 그 사람을 생각한다면 지금 시간을 내라. 하고 싶은 일이 있으면 지금 시간을 내라.

지금, 여기에 모두 걸어라

지금, 여기에 모두 걸어라. 실천이 목표를 얻기 위한 수단이라 생각하지 마라. 실천은 지금을 즐기는 것이다. 즐기지 못하면 목표만 남고 삶은 사라진다. 지금 내가 갖고 있는 이 순간을 온전히 소유하기 위한 자발적 속박이 바로 건강한 실천인 것이다. 그때 우리는 조르바처럼 말할 수 있다.

"나는 내일 죽을 것처럼 산다."

그리고 내 삶이 흥겹다.   《나는 이렇게 될 것이다》

삶이 느슨해질 때 헬렌 켈러의 《사흘만 볼 수 있다면》을 다시 읽으면 세상이 아름답게 보이고 시간의 가치를 느끼게 된다. 그녀가 볼 수만 있다면 사흘간 누릴 수 있는 기쁨과 감동은 보통 사람들의 3년보다 클 것이다. 삶에서 중요한 것은 시간의 길이가 아니라 농밀(濃密)함이다.

천년을 살 것처럼 사는 사람이나, 내일 죽을 것처럼 사는 사람이나, 그들에게 중요한 것은 바로 '지금'이다. 아무리 큰 숫자라도 '0'을 곱하면 결과가 '0'이 되는 원리라고 할까, 천년을 살든 백년을 살든 '지금'을 살지 못하면 사는 것이 아니라 꿈을 꾸다 가는 것과 같다.

지금을 경영하라

통제할 수 없는 것은 통제하려 하지 않는 것, 즉 할 수 있는 것과 할 수 없는 것을 구별하는 것, 모든 자기경영은 이러한 분별의 인식에서 시작된다. 그러므로 시간관리는 오만과 왜곡에서 벗어나 '지금경영'이라는 말을 쓰는 것이 '시간의 강가에 매어둔 배에서 태어난 시간 방랑자'인 우리에게 더 어울리는 삶의 태도가 아닐까 한다.

《구본형의 신화 읽는 시간》

우리는 왜 미루는가? 재미없기 때문이다. 재미있는 일은 누구나 당장 한다. 삶은 중요하지만 재미없는 일을 얼마나 잘 하느냐에 달려있다. 지금 재미없는 일이 나중에 한다고 재미있어지는 것은 아니다. 재미없는 일을 지금 하지 않으면 나중에 괴로운 일을 해야 한다.

미루는 또 다른 이유는 두렵기 때문이다. 두려움은 멀리서는 보이지만 가까이 가면 보이지 않는 안개와 같다.

어떤 일을 할 수 있는 가장 좋은 시간은 언제인가? 모든 것이 완벽하게 갖추어져 있을 때는 바로 '지금'이다. 설거지를 할 수 있는 가장 좋은 때는 먹고 나서 바로 하는 것이다. 안부 전화를 하기 가장 좋은 때는 그 사람이 생각났을 때다. 치과를 가야 할 때는 이가 조금 아프다고 느낄 때다.

시간에 관한 철학

━━━━━━━━━ 약속 줄이기 ━━━━━━━━━

 한가롭기 위해서는, 좀 더 정확히 말하자면 시간의 존재를 잊고 시간 속에서 자신의 일에 몰입하기 위해서는 시계를 봐야 하는 약속을 줄이는 것이 가장 현명하다. 약속에 대한 압박을 받지 않아야 '시간의 주인'이 될 수 있다.

《오늘 눈부신 하루를 위하여》

사부를 포항에서 처음 만났다. 식사 중 원고청탁 전화를 받고 바쁘다며 거절하는 것을 보고 의아해서 물었다.

"왜 거절하십니까?"

"시간에 쫓겨서 쓰면 좋은 글이 안 나와."

"바쁘시면 쓰신 글 중에 좋은 글을 골라 편집해서 써주면 되지 않습니까?"

"내가 만족할 수 없는 글은 다른 데 주면 안 돼."

"대충 써도 다 만족할걸요."

"작가가 그렇게 하면 스스로의 생명을 단축하는 거야. 욕심을 내지 않아야 생명이 오래 가."

나의 얼굴이 붉어졌다. 사부는 1년에 한 권 이상도 쓸 수 있지만 그렇게 하지 않는다고 했다.

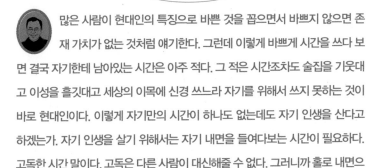

많은 사람이 현대인의 특징으로 바쁜 것을 꼽으면서 바쁘지 않으면 존재 가치가 없는 것처럼 얘기한다. 그런데 이렇게 바쁘게 시간을 쓰다 보면 결국 자기한테 남아있는 시간은 아주 적다. 그 적은 시간조차도 술집을 기웃대고 이성을 흘깃대고 세상의 이목에 신경 쓰느라 자기를 위해서 쓰지 못하는 것이 바로 현대인이다. 이렇게 자기만의 시간이 하나도 없는데도 자기 인생을 산다고 하겠는가. 자기 인생을 살기 위해서는 자기 내면을 들여다보는 시간이 필요하다. 고독한 시간 말이다. 고독은 다른 사람이 대신해줄 수 없다. 그러니까 홀로 내면으로 침잠해 들어가 자신을 들여다보는 성찰의 시간을 가져야 한다.

《나에게서 구하라》

어린 왕자는 말했다.

"사람들은 저마다 급행열차에 몸을 싣지만 정작 자기들이 무엇을 찾으러 가는지는 모르고 있어. 그래서 초조해하며 제자리를 맴돌고 있기만 해……."

바쁘게 사는 것을 열심히 사는 것으로 착각하는 경우가 많다. 바쁘게 사는 사람이 절대적으로 많은 일을 하는 경우도 있지만 일과 시간의 우선순위를 모르고 효율적으로 하지 않다 보니 바쁜 경우도 많다. 일을 잘 하는 사람은 중요한 일을 먼저 하는 사람이다. 중요한 일에는 반드시 자신이 들어 있어야 한다.

하지 않아도 되는 일을 멋지게 하는 사람도 있다. 이런 사람은 일을 잘 하는 사람이 아니다. 일을 잘 하는 사람은 해야 할 일과 하지 않아도 되는 일을 구분한다. 하지만 많은 사람들이 하지 않아도 되는 일을 자신이 잘 하는 일이라 생각하고 많은 시간을 소비한다.

기다림을 배워라

기다림을 배워라. 기다리지 못하는 사람에게 기다림은 죽은 시간이다. 그러나 기다림은 특별하고 매력적인 시간이다. 모든 농부는 자연스럽게 익은 사과가 가장 맛있다는 것을 알고 있다. 여름 태양을 흠뻑 담은 달콤한 과일은 모두 기다림이 선사한 것이다. 기다림은 시간을 죽이는 것이 아니라 정성스러운 창조적 행동이다. 기다림은 맛을 깊게 한다.   《나에게서 구하라》

기다림은 삶의 여백이다. 동양화가 아름다운 것은 여백이 있기 때문이다. 대화를 못하는 사람과 노래를 못 부르는 사람들은 기다릴 줄 모르는 사람이다. 그래서 상대의 말이 끝나기도 전에 말을 하거나 쉼표를 제대로 쉬지 못해 박자를 못 맞춘다.

삶은 원래 지루한 것이다. 지루함을 견디지 못하면 외롭거나 괴롭다. 여백이 그림의 일부이고 쉼표가 음악의 일부인 줄 안다면 지루함을 견딜 수 있다.

기다림에는 설렘도 있다. 《어린 왕자》에 나오는 여우의 기다림은 설렘의 기다림이다.

"가령 네가 오후 4시에 온다면, 나는 3시부터 행복해질 거야. 4시가 가까워올수록 나는 점점 더 행복해지겠지."

이런 기다림은 많을수록 좋다. 기다림을 설렘으로 바꾸려면 견딤에서 즐김으로 생각을 바꾸면 되지 않을까. 지나고 보니 '기다리는 시간'이 나를 키운 스승이었다.

내 시간을 쓴다는 것

자신에게 시간을 내지 못하면 하고 싶은 욕망을 이룰 수 없다. 욕망은 오직 꿈과 그리움으로 남을 뿐이다. 하루에 자신만을 위해 적어도 두 시간은 써라. 그렇지 않고는 좋은 전문가가 될 수 없다. 다른 사람을 베끼고 모방해야 한다. 대가들을 통째로 삼켜야 한다. 그리고 다시 토해내야 한다. 개인적 체험과 깨달음을 자신의 체액 속에 담을 수 있어야 한다. 그리하여 스스로의 언어로 재구성하고 표현할 수 있어야 한다. 《낯선 곳에서의 아침》

사랑한다는 것은 그 대상을 위해 자신의 시간을 쓰는 것이다. 꽃을 사랑하는 사람은 꽃을 보고, 향기를 맡으며, 물을 주는 데 시간을 쓴다. 책을 사랑하는 사람은 읽고, 생각하고, 밑줄치고, 메모를 하는 데 시간을 쓴다. 사랑하는 사람이 있으면 같이 밥 먹고, 이야기하고, 여행을 하는 데 시간을 쓴다. 자신을 사랑한다면 가장 소중한 시간에 소중한 일을 해야 한다.

나의 가장 소중한 시간은 새벽시간이고, 나에게 가장 소중한 일은 독서와 글쓰기다. 이것을 꾸준하게 해왔다. 대가들을 만나 그들 속으로 빠져들었다. 대가들도 처음부터 대가는 아니었다. 그들도 누군가와 만나 그들 속으로 빠져들면서 대가로 성장한 것이다.

새벽 두 시간

매일 시간을 떼어내기 위해서는 그 시간에 우선적 중요성을 부여하지 않고는 불가능하다. 먼저 두 시간을 떼어낸 후, 나머지 스물두 시간을 가지고 다른 일을 하는 것이 유일한 방법이다. 먼저 즐겨라. 새벽에 두 시간을 떼어 쓰는 것이 가장 좋은 방법이다. 새벽에는 다른 일의 유혹이 없다. 하루를 좋아하는 일로부터 시작한다는 것은 축복이다. 그다음으로 저녁 늦게 두 시간을 쓰는 것이 좋은 방법이다. 하루를 끝내기 전에 좋아하는 일에 빠졌다가 잠자리에 들 수 있다.

《나에게서 구하라》

오랫동안 변함없이 하는 것이 하나 있다. 그것은 새벽기상이며 나만의 두 시간을 갖는 것이다. '새벽 두 시간'은 사부의 핵심철학이며 차별화와 경쟁력의 원천이다. 누가 만약 "사부의 철학을 하나만 말하라"고 한다면 나는 '새벽 두 시간'을 말할 것이다. 두 시간을 나머지 시간과 바꾸지 않을 것이다. 이 시간에 하루의 소중한 일을 할 수 있기 때문에 나머지 시간은 여유가 생긴다. 그래서 다른 사람의 부탁도 들어주고, 양보도 하고, 손해를 보더라도 참을 수가 있다.

눈을 뜨고 나서 밖이 훤하면 기분이 좋지 않다. 캄캄할 때 일어나서 여명을 보아야 하루가 잘 풀린다. 30대에 5년간 한 수영과 그 후 17년간 한 검도도 새벽에 했다. 지금까지 쓴 책도 주로 아침에 썼다. 어떤 사람은 술을 좋아하는 내가 책을 쓰는 것이 신기하다고 생각한다. 그는 내가 새벽에 무엇을 하는지 모르기 때문이다. 내가 책을 꾸준하게 쓰는 비결이 여기에 있다.

새벽시간의 좋은 점은 방해하는 사람이 없고 집중이 잘 된다는 것이다. 밖은 어둡고 새들도 조용하다. 세상이 아직 잠에서 깨어나지 않았는데 혼자 깨어 있다는 생각이 들면 아무도 밟지 않은 눈길을 걷는 것 같다.

오늘 하루

오늘을 그냥 보내지 마라

하루하루를 낭비하지 마라. 충무공은 싸움터에서도 하루가 지나는 것을 무심코 넘기지 않았다. 그 하루를 기록하여 그날이 그날로서 존재함을 잊지 않았다. 일이 닥쳐서야 어쩔 줄 몰라 하다 모욕을 당하는 일만큼은 피해라. 충무공은 이미 수년 전부터 자기가 해야 할 일을 준비하였다. 거북선을 만들고 선박을 축조한 것은 그가 전장에서 용감히 싸우다 죽는 것만을 최선으로 아는 일개 무장이 아니라 미래를 스스로에게 유리하도록 만드는 개척자라는 것을 의미한다. 스스로 미래를 만들어내는 것만큼 확실한 승리는 없다. 그는 왜적과의 싸움에서 단 한 차례도 진 적이 없다. 어느 나라의 전사에도 이런 기록은 찾기 어렵다. 아마 없을 것이다.

《떠남과 만남》

조선 건국 후 임진왜란이 일어나기까지 200년간 큰 전쟁이 없었다. 그러다 보니 제대로 된 군사도 없었고 전쟁에 대한 경험과 준비가 전혀 없었다. 이순신 장군이 대승을 거둘 수 있었던 것은 그가 시간 관리의 달인이었기 때문이다. 그는 매사를 치밀하게 계획하고 늘 중요도에 따라 일을 했다. 중요하고 긴급한 것에 최우선순위를 두었다. 그리하여 전쟁이 일어나기 며칠 전에 거북선 건조를 마치고 함포사격 연습까지 끝낼 수 있었다. 불행 중 다행이었다. 전투가 치열한 날은 건너뛰기도 했지만 전쟁 중에 일기를 적으면서 자신의 하루를 돌아보았다. 23전 무패의 대기록은 우연히 이루어진 게 아니다.

오늘이 마지막일 수도

 오늘 하루를 마치 인생의 마지막 날인 듯 살지는 못할 것이다. 오늘이 인생의 마지막 날이라고 가정한다면 이 날이 얼마나 무겁고 바쁜 날이 되겠는가? 하고 싶은 일도 많고 마음에 걸리는 사람도 많을 것이다. 나는 바쁜 것이 싫다. 후회도 싫다. 그래서 그렇게 살지 않을 것이다.

대신 오늘을 새로 받은 또 한 번의 아름다운 선물로 여기며 하루를 보낼 것이다. 햇빛이 쏟아지는 또 하나의 아름다운 하루, 이 아름다운 날 무엇을 할 것인가! 비가 시원히 쏟아지거나 눈빛으로 반짝이는 이 특별한 날이 어떻게 어제와 같을 수 있겠는가!   《나, 구본형의 변화 이야기》

아무도 보지 못했지만 모두가 있다고 믿는 것은 무엇일까? 신을 떠올리는 사람도 있을 것이고, 천국을 떠올리는 사람도 있겠지만 모두가 믿는 것은 아니다. 정답은 '내일'이다.

우리는 모두 시한부 판정을 받은 환자지만 영원히 살 것 같은 착각이 앞선다. 오늘이 마지막 날이 될 수도 있다는 생각은 항상 가지고 살지만 생각으로 그칠 뿐이다.

《독일인의 사랑》에 나오는 "우리는 5월의 장미가 그렇게 빨리 시들어 버릴 줄은 꿈에도 몰랐다. 하지만 꽃잎이 시들어 땅에 떨어질 거라는 경고는 매일 저녁 받았었다."는 구절처럼 몸 곳곳에서 매일 신호를 보내고 있지만 심각하게 받아들이지 않는다.

내일이라는 시간은 나에게 오지 않을 수도 있다. 유일한 시간은 오늘, 지금 뿐!

내일 죽을 것처럼

'오늘 죽을 것처럼 산다.' 나는 이것을 한 가지 정신적 공명의 원칙으로 세워두었다. 정신적 공명은 우리가 필멸의 개념을 가슴에 안고 있을 때 가장 잘 찾아온다. 영원히 사는 신들은 어느 날도 특별하지 않다. 그들은 무한히 계속되는 지루함의 평화 속에 있다. 그러나 하루살이에게 하루는 모든 것이므로 특별하고, 특별할 수밖에 없다. 인간의 인생은 꽤 길다. 황혼이 되어 돌아보면 봄날의 꿈처럼 순식간에 속절없이 지나가버렸다는 것을 알게 되지만, 살 때는 내일 죽을 것처럼 사는 사람은 드물다. 《구본형의 신화 읽는 시간》

지금도 여전히 죽음은 두렵지만 언제 찾아오더라도 받아들일 준

비는 되어 있다. 삶은 순간의 연속이고, 하루의 반복이다. 똑같은 하루를 살면서 오래 살고 싶지는 않다. 지금 숨 쉬고 있지만 갑자기 심장이 멎을 수도 있다는 것을, 오늘을 살지만 내일이 오지 않을 수도 있다는 것을 알 때 지금, 이 순간 살아있다는 것에 감사하는 마음이 생긴다. 살면서 부귀영화는 누려보지 못했지만 누구보다 많이 웃고 살았다. 다른 사람들을 울리지는 못했지만 웃긴 적은 많았다. 알렉산더보다 두 배나 오래 살았다. 순간순간 우울한 적도 있었지만 삶의 기쁨을 느낀 적이 더 많았다. 하루하루를 기쁨과 감사의 마음으로 살다가 어느 순간 나의 시계가 곧 멈춘다고 해도 놀라거나 슬퍼하지 않을 것이다.

사랑할 수 있을 때까지 사랑하라

인간의 삶은 슬프다네. 그 단명함 때문에. 청춘인가 했더니 벌써 내 귀밑 머리는 속절없이 희어졌네. 하루가 저무는 속도가 화살같고, 일 년이 촌음같아. 결국 오늘이 마지막인 듯 살아야만 가장 잘 사는 것이라는 걸 깨닫게 되네. 오늘 죽을 것처럼 살아보자 하니 사람을 사랑하는 것보다 더 좋은 것이 없어 보이네. 사랑하라, 사랑할 수 있을 때까지. 이 말이 얼마나 좋은가! 지는 꽃이 추하다는 것은 그 꽃이 아름다웠기 때문일 것이니, 아름다울 때 마음껏 사랑하는 것이 사는 법인가 하네. 《구본형의 마지막 편지》

"인생일세간 여백구과극(人生一世間 如白駒過隙)"이라는 말이 있다. 인생의 한 세상은 마치 흰 말이 달려가는 것을 문틈으로 보는 것처럼 순식간이라는 말이다. 시간에는 '일시정지'가 없다. '일시정지'가 없는 시간을 살다 언젠가 '영원한 정지'의 세계로 가는 것이 인생이다. 바람같이 물같이 흘러가는 세월을 잡을 수도 없으니 지금 이 순간을 즐겁게 후회 없이 살 뿐이다.

사랑하며 사는 것은 신도 부러워할 것이다. 신도 가끔 미워하는 일이 있으니까. 아름다워서 사랑하는 것이 아니다. 사랑하면 아름답게 보인다. 사랑할 만한 가치가 있어 사랑하는 것이 아니다. 사랑이 가치를 더한다. 가장 사랑해야 할 사람은 나 자신이다. 평생 함께 걸어왔고 함께 갈 존재이니까.

: 여유

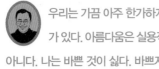

마음의 여유

우리는 가끔 아주 한가하게 실리를 따짐 없이 시간의 낭비를 즐길 필요가 있다. 아름다움은 실용적인 것이 아니다. 바쁘다는 것이 늘 좋은 것도 아니다. 나는 바쁜 것이 싫다. 바쁘지 않으려고 애를 쓴다. 나를 바쁘게 몰아치는 것에 매이지 않으려고 한다. 나는 숨도 쉬고, 오줌도 누고, 차도 마시면서 하루를 보내고 싶다. 중요한 것을 놓치지 않으려면 마음이 바쁘면 안 된다.

《낯선 곳에서의 아침》

가족에게 가장 많이 강조한 것이 시간이다. 약속시간은 특별한 일이 없는 한 지켜야 하고 시간을 쓸데없이 낭비해서는 안 된다고 강조하는 나를 아내는 못마땅하게 생각한다. 더구나 내가 그렇게 강조하는 새벽 두 시간을 실천하는 사람이 아무도 없는 것을 가슴 아프게 생각한다.

사부와 산책하면서 이런 대화를 나누었다.

"저는 아이들에게 공부를 잘 하라고 한 적이 한 번도 없습니다. 대신 세 가지만 강조합니다."

"그게 뭔데?"

"아침에 일찍 일어나서 책 읽고 운동하라고 합니다."

"그게 잘 돼?"

"그게 안 되어 속상합니다."

"가족에게는 합리성의 잣대를 들이대는 게 아니야."

그 말을 듣는 순간 '내가 가족에게 그동안 못할 짓을 한 것인가' 하는 생각이 들었다.

"제가 모범을 보여주면서 하라고 하는데 왜 안 되는지 모르겠습니다."

"하나만 하는 것도 어려운데 세 가지를 어떻게 다 해? 그건 욕심이야."

"제가 매일 보여주는데도 그게 정말 안 되네요."

"그게 가족이야."

그날 이후 가족에게, 특히 아이들에게 세 가지에 대해 더 이상 이야기하지 않았다. 나중에 때가 되니 스스로 알아서 하게 된다는 것을 알게 되었다.

휴식은 선물

휴식은 자신에게 선사하는 따뜻한 시간이다. 자신에게 시간을 주지 않고 어떻게 더 나아질 수 있겠는가? 왜 우리는 늘 바쁘고 또 다른 사람을 바쁘게 하는가? 바쁜 사람은 바보다. 자신을 괴롭히고 남을 못 살게 할 뿐이다. 휴식이 게으름이나 소비로 느껴지지 않을 때, 한 사회가 이에 진심으로 공감할 때, 우리는 훨씬 나아진 사회에 살게 된다. 우리가 좀 더 나은 사람(a better person)이 되는 것, 이것이 바로 긍정적 변화인 것이다. 《떠남과 만남》

자신에게 주는 가장 귀한 선물은 무엇일까? 나는 자신에게 선물로 무엇을 주었나?

자신에게 많은 것을 주려고 하였으나 받지 않았다. 사랑을 주려고 하였지만 아직 부족하다며 받지 않았고, 여행을 선물로 주고 싶었지만 바쁘다며 다음에 받겠다고 하였다. 영양제를 선물로 주고 싶다고 해도 아직 건강하다며 다음으로 미루었다. 나에게 가장 많이 준 선물이 술이었다. 그것은 사양하는 법이 없었다. 하루가 힘들어도 술로 달래고 하루가 즐거워도 술로 축복했다.

이제는 나를 더 사랑하고 싶다. 나에게 술 선물보다 휴식과 여행을 선물하고 싶다. 생각을 바꾸었다. 휴식은 시간을 소비하는 것이 아니라 창조를 위한 충전이며, 독서만 필요한 것이 아니라 여행도 필요하다고.

일 | 09

일이란 단순히 밥을 위한 것이 아니다. 일을 통해서 자아를 실현한다.

일은 나의 정체성이며 존재의 양식이다.

일이 삶을 힘들게도 하지만 사람은 일을 통해 행복을 느낀다.

일을 선택하는 것은 배우자의 선택과 닮은 곳이 있다.

내가 좋아하고 잘 하는 일을 찾는 것은 내 이상형과 결혼하는 것과 같다.

만약 그렇게 살 수 있다면 최고의 행복이자 행운이다.

그러나 그런 행운은 아무에게나 오지 않는다.

대부분은 현실과 타협하며 만족스럽지 못해도 그럭저럭 살아간다.

좋아하는 일 ¶ 잘 하는 일
좋아하고 잘 하는 일 ¶ 일에 대한 태도

처음에 한눈에 반한 사람도 멀어질 수 있듯이

좋아하고 잘 할 수 있을 것 같은 일도 싫어질 수 있고,

처음에는 어렵고 잘 맞지 않던 일도 그 일을 열심히 하다 보면

익숙해지고 좋아질 수 있다.

좋아하는 일

좋아하는 일을 하다 죽을 것

"좋아하는 일을 하다 죽을 것이고, 죽음이 곧 퇴직인 삶을 살 것이다." 이 것이 내가 추구하는 직업관이다. 죽을 때까지 자신이 좋아하는 일을 하 지 못하고 죽는 것은 삶에 대한 모독이다. 어떤 변명도 있을 수 없다. 아니, 변명일 뿐이다. 하고 싶은 일을 하지 못하고 산다는 것은 삶에서 실패한 것이다. 처참하게 패배한 것이다.   《구본형의 필살기》

좋아하는 일도 직업이 되면 힘들기 마련이다. 골프를 좋아하는 것과 골프선수가 되는 것은 다르다. 글 쓰는 것을 좋아하는 것과 전 업 작가가 되는 것은 다르다. 자신의 모든 것이 돈으로 연결되는데 계속 좋아만 할 수 있을까? 그렇다면 신도 질투할 일이다.

사부는 늦은 나이였지만 자신이 잘 하는 일을 찾아 그 일을 하면 서 짧았지만 향기롭게 살았다. 행복한 삶이었다. 신도 질투를 하였 는지 좀 일찍 돌아가신 것 외에는 모든 것이 완벽했다. 그렇게 사는 것은 신의 축복이 없으면 불가능하다.

쏘시개 불꽃

내가 하는 일은, 자신의 길을 찾아가는 누군가에게 어둠 속에서 방향을 잡을 수 없을 때, 잠시 '우연한 쏘시개 불꽃'이 되는 일입니다. 누구든 자신의 길을 갈 때는 내면의 등불을 밝히고 가야 합니다. 누구도 다른 사람의 등불이나 등대가 될 수는 없습니다. 우리가 가는 여행은 우리 속으로의 여행이니까요. 안으로 들어갈수록 오직 자신을 태우는 스스로의 등불로 길을 밝혀야 합니다. 막막할 때, 어딘가 주저앉아 있을 때, 우연히, 자신의 안에서 스스로 불을 켤 수 있도록 잠시 불을 빌려주는 예기치 않은 쏘시개 불꽃이 되는 것, 이것이 내가 하고 싶은 일입니다.

《일상의 황홀》

세 번째 책을 쓸 무렵이었다. 사부께 말했다.

"10권의 책을 쓴다고 했지만 자신이 없습니다."

사부는 꾸짖듯이 말했다.

"나는 당신이 10권을 쓸 수 있다고 믿는다. 꿈벗들도 그렇게 믿을 것이다. 더 이상도 쓸 수 있을 것이다. 그런데 왜 본인만 믿지 못하느냐?"

나는 그 한마디에 꺼져가는 마음의 불꽃을 다시 피울 수 있었다. 마음이 흔들릴 때마다 사부의 말을 되새기면서 용기와 자신감을 키웠다. 이것이 쏘시개 불꽃의 힘이다.

231

인간의 정신적인 직업은 욕망이 없이는 이루어낼 수 없다. 스스로 원하는 것이 아니면 몰입할 수 없다. 노예는 창조적일 수 없다. 그들에게는 지시와 통제 그리고 자유를 판 대가로 밥이 주어질 뿐이다. 창조적일 이유도 없다. 주인이 시키는 대로 하면 되기 때문이다. 《낯선 곳에서의 아침》

야구선수가 타석에서 홈런을 치고 싶어도 번트 사인이 나오면 번트를 대야 하고, 배우가 명대사를 날리고 싶어도 자신에게 주어진 대사를 할 수밖에 없는 것처럼 직장인들은 자신에게 주어진 일을 주어진 범위 내에서 잘 하는 수밖에 없다. 그들은 주어진 일을 얼마나 효율적으로 하는가에 따라 평가받을 뿐 자신의 욕망대로 살아갈 수 없다.

실크로드를 여행한 적이 있다. 맥적산에는 큰 석굴이 많은데 하나를 한 사람이 판다면 28년 정도 걸린다고 한다. 그런 작업을 하는 사람들은 돈을 위해서 할까 아니면 불심으로 할까 궁금했다. 작업자는 창조적일 필요가 없지만 책임자는 불심을 바탕으로 한 창조성이 없으면 감히 그런 엄청난 작업을 할 엄두를 내지 못했을 것이다.

● 잘하는 일

나는 무엇을 잘할 수 있는가

잊으면 안 된다. '세상에서 내가 가장 잘 할 수 있는 일'은 강한 재능이 그 것을 받쳐주어야 한다는 사실을 말이다. 상대적으로 강한 재능이지만 아직은 평범하기 이를 데 없는 수준의 재능을 소중하게 여기고 잘 키워주면 멋지 게 꽃피울 수 있다. 그런 면에서 재능이란 천재들의 이야기가 아니라 '평범한 재능 을 비범하게 발전시킨 보통 사람들의 이야기'임을 늘 기억해야 한다.

《구본형의 필살기》

사람은 무엇을 해보기 전에는 그 일에 재능이 있는지 없는지 알 수 없다. 뿌려지지 않은 씨앗과 같다. 사부도 마흔 세 살에 지리산 에서 단식을 하며 새벽에 잠은 안 오고 배도 고프고 심심하여 무언 가를 써보기 전엔 자신이 글을 잘 쓸 수 있다는 것을 몰랐다. 뭔가 를 쓰고 보니 괜찮은 글이 되어 자신에게 글을 잘 쓰는 재능이 있다 는 것을 알게 되었다.

자신의 재능은 찾기 전까지는 모른다. 나는 물리학에 재능이 있 는지 없는지 확신이 없다. 대학시절에 교양 필수과목으로 물리를 들었다. 수업이 딱딱하고 재미없어 공부를 하지 않아 F학점을 받왔다. 써내기만 하면 받을 수 있는 리포트 점수 20점도 받지 못했다. 이듬해 마음먹고 공부를 하니 달라졌다. 같은 교수인데 재미도 있었고 학점도 A플러스를 받았다. 자신이 어떤 일에 재능이 있는지 없는지 모른다면 일단 열심히 해보아야 한다. 어느 정도까지는 재능보다는 마인드와 노력이 더 중요한 것 같다.

내 일을 잘 해내는 능력

관계를 잘 맺으려면 다른 사람에게 도움이 되어야 한다. 조직 생활에서 가장 강력한 필요는 일에서 온다. 우리는 일하기 위해 회사에 오는 것이다. 일이 핵심이다. 그러므로 일에서 밀리면 개인적으로 좋은 인상을 가지고 있다 하더라도 상사의 신뢰와 도움을 얻기 어렵다. 반대로 일로 버틸 수 있다면 일단 좋은 관계를 만들어낼 수 있는 강력한 교두보가 만들어진 셈이다.

《구본형의 THE BOSS 쿨한 동행》

"실존이 본질에 우선한다."

실존주의 철학자 사르트르가 한 말로, 이 말은 존재로서의 인간에 대한 말이지 조직의 일원으로서의 인간에 대한 말은 아니다.

인간이 이 세상에 태어나는 것은 목적이 있어서가 아니라 그냥 태어난 것이다. 그런 인간이 조직의 일원이 되는 순간 실존보다 본질이 우선이다. 조직의 본질은 일이며 그 일로 존재의 의미가 있다. 조직은 목적을 달성하는 데 쓰임이 있는 인재를 필요로 한다. 본질에 부합하지 않는 인간은 의미가 없는 존재가 되는 것이다.

조직에서 가장 중요한 덕목은 자신의 일을 잘 해내는 것이다. 능력이란 개인 간의 차이가 있기 마련이다. 그 차이를 메우는 것은 관리자의 역할이기도 하지만 개인의 노력이 더 중요하다.

나의 필살기

특기가 없다는 것은 위험한 일이다. 평범하다는 것은 결핍과 같다. 평범을 벗어나는 길은 여러 일에서 월등해지는 것을 피하는 것이다. 한 가지에서 탁월해지는 것이다. 지극히 평범한 사람이라도 한 가지 분야에는 통달할 수 있다. 그 한 가지가 그 사람을 특별하게 한다. 물러설 수 없는 그 한 가지, 그것이 필살기다.

《구본형의 필살기》

초등학교 시절에 취미와 특기를 적는 곳에 무엇을 적어야 할지 고민한 적이 많았다. 취미는 어떻게 둘러낼 수 있었지만 특기는 빈칸으로 두었다. 4학년 때부터 태권도장에 다녔다. 검은 띠를 땄다. 그때부터 특기 란에 적을 것이 없어 고민하는 일은 없었다. 중학교 때 2단을 땄다. 덤비는 아이들이 없었다. 군대에 가서 태권도를 특기라고 쓰니 논산훈련소에서 태권도 시범조교를 하라고 했다. 내무반에서 돌려차기 시범을 보이기도 하고 훈련 중 휴식시간에 우슈 고단자와 시합도 했다. 일종의 이종격투기였다. 무승부로 끝나긴 했지만 재미있는 일이 많았다.

회사원 시절에는 필살기라고 할 만한 것이 없었다. 이것저것 다할 수 있다는 것은 특별히 잘 하는 것이 없다는 것이다. 지금은 어떤가? 수천 권의 책을 읽었어도 아직 한 분야에 정통하지 못했다. 나의 필살기는 아직 진행 중이다.

인생에서 완성이란 없는지도 모른다. 완성을 위한 과정이 있을 뿐이다. 사부가 일찍이 알아보았듯이 유머에 대해서는 일가견이 있다. 일부러 웃기지 않아도 사람들이 웃었다. 사부가 변화경영사상가라고 불리듯이 나도 유머사상가로 불리고 싶다.

내 기준으로 선택한다

성공은 유능함을 떠나서는 얻어질 수 없다. 따라서 개인은 반드시 자신의 유능한 점을 먼저 인식하고 그것을 꽃피울 수 있는 직장과 일을 선택해야 한다. 훗날 이것이 가장 훌륭한 선택임을 알게 될 것이다. 일반적 기준이 아니라 자신의 기준을 설정하고, 그에 충실한 용기와 꿋꿋함이 반드시 필요하다.

《코리아니티 경영》

성공한 기업가 중에서 대학을 중퇴한 사람들이 있다. 빌 게이츠와 스티브 잡스가 그렇다. 그들은 자신의 유능함을 먼저 인식하였기 때문에 굳이 대학을 졸업할 필요가 없다고 생각한 것이다.

원효와 의상은 함께 당나라 유학길에 올랐다. 첫 번째는 육로로 가다가 요동 근처에서 고구려 국경수비대에게 잡혀 첩자로 오인받아 수십일 동안 갇혀 있다가 간신히 목숨을 부지하고 신라로 돌아왔다. 두 번째는 뱃길로 가기 위해 무덤가에서 하룻밤을 자면서 잠결에 마신 물이 운명을 바꾸었다. 원효는 잠결에 달게 마신 물이 해골 물이었다는 것을 알고 일체유심조의 진리를 얻은 후 유학이 필요 없게 되었고, 의상은 예정대로 혼자 유학을 떠났다. 의상은 9년간 공부를 마치고 돌아와 해동 화엄종의 시조가 되었고, 원효는 분황사에 머물며 불경연구와 불교의 대중화를 위해 큰 공을 세웠다.

자신의 진로를 스스로 판단하여 결정하였기에 각자 자신의 길에서 꽃을 피울 수 있었다. 진로를 선택할 때 부모의 의견은 참고로 하되 최종 결정은 자신이 해야 한다.

좋아하고 잘 하는 일

진정 바라는 일

나는 내가 진정 바라는 것을 얻고 싶었다. 우선 내가 바라는 것이 무엇인지 알고 싶었다.

나에게 맞는 최선의 직업이 무엇인지는 분명치 않았지만 나는 나답게 살고 싶었다. 화두는 '내가 무엇을 하고 싶으며, 무엇을 할 수 있느냐'는 것이었다.

《내가 직업이다》

하고 싶은 일과 잘 하는 일의 교집합을 찾는 것은 특별한 사람에게 허용되는 특혜다. 보통 사람들은 둘 중 하나만 찾아도 다행이다. 둘 중 하나를 잡아야 한다면 나는 하고 싶은 일보다 잘 할 수 있는 일을 선택하겠다. 하고 싶은 일은 직업으로 하지 않더라도 취미로 할 수 있지만 자신의 일은 잘 할 수 있는 곳에서 찾아야 성공할 수 있기 때문이다.

대부분 사람들은 자신이 하고 싶은 일이 무엇인지 구체적으로 말하지 못한다. 막연하게 바라는 일은 자신이 원하는 것이 아니라 많은 사람들이 선호하는 일을 자신이 원하는 일이라 착각하고 있다. 자신의 기질을 아는 것은 더 어렵다. 뭔가 있는 것 같지만 쉽게

찾아지지 않는다. 찾았다고 하더라도 그 일이 직업이 되면 만만치
않게 되고 그것을 찾지 못하면 삶이 힘들어진다.

소명의식

직업이 소명이라는 것을 믿어라. 천직을 찾아내는 것이 쉽지는 않지만
그것을 찾아가는 과정을 신의 소명을 발견해가는 순례라고 생각하라.
신은 우리 속에 그 소명을 찾아갈 수 있는 온갖 종류의 표시와 신호와 실마리를 안
배해두셨다. 《세월이 젊음에게》

소명(召命)은 무거운 것이다. 그것은 임금의 명령이나 하늘의 부
름을 받는 일이다. 처음부터 위대한 일은 없다. 어떤 일이든 소명의
식을 가지고 하면 위대한 일이 된다.

천직을 찾으려고 하지 말라. 그것은 없다. 자신에게 맞는 일을 찾
으면 그것이 천직이다.

나는 나의 직업을 소명이라고 생각하지 않았다. 그래서 직장도
중간에 그만두었고, 사업에서도 성공하지 못했다. 그렇다고 작가
라고 생각해보지도 않았다. 다른 사람들이 작가라고 불러주어도
그것을 나의 직업이나 소명이라 생각하지 않았다.

그동안 취미활동으로 책을 쓴 것은 아니다. 20년간 꾸준하게 해

온 일이라면 그것이 천직이 아니고 무엇이겠는가. 그것을 잘 하는가 하는 것은 다른 문제다. 계속 갈고 닦아야 할 일이다.

잘 하고 싶은 일

'잘 할 수 있는 것'과 '하고 싶은 것'은 대부분 함께 가는 속성이 있다. '하고 싶기 때문에 잘 할 수 있고, 잘 할 수 있으니까 더욱 하고 싶게 된다'는 선순환적인 고리를 가지고 있다. 그래서 종종 이 질문은 서로를 돕기도 한다. '잘 하는 것이 무엇인지 알고 싶으면 하고 싶은 것이 무엇인지 물어봐' 라고 말이다. 물론 뒤집어 물어봐도 도움이 된다. 《구본형의 필살기》

사랑하면 알게 되고 알게 되면 그 전에 보이지 않던 것들이 보여 더욱 사랑하게 되듯이, 잘 할 수 있는 일은 하고 싶어진다. 하고 싶어 자주 하다 보니 전보다 잘 하게 되는 것이다. 사랑하면 이해 안 되는 것이 없고 이해하면 사랑하지 않을 수 없다. 일도 잘 하는 일이나 좋아하는 일, 무엇이든 먼저 해보라. 그 중에 나의 천직이 있을 것이다.

처음부터 명마로 태어나는 말은 없다. 명마 부케팔로스도 알렉산드로스가 알아보고 길들이기 전까지는 거대하지만 아무도 올라타지 못하는 난폭한 말에 불과했다. 처음부터 나에게 딱 맞는 일은 없다. 그 일을 하면서 점점 나의 일로 다가온다.

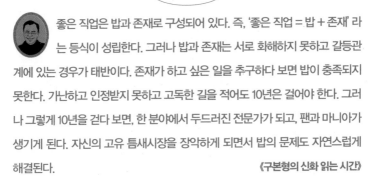

좋은 직업

좋은 직업은 밥과 존재로 구성되어 있다. 즉, '좋은 직업 = 밥 + 존재' 라는 등식이 성립한다. 그러나 밥과 존재는 서로 화해하지 못하고 갈등관계에 있는 경우가 태반이다. 존재가 하고 싶은 일을 추구하다 보면 밥이 충족되지 못한다. 가난하고 인정받지 못하고 고독한 길을 적어도 10년은 걸어야 한다. 그러나 그렇게 10년을 걷다 보면, 한 분야에서 두드러진 전문가가 되고, 팬과 마니아가 생기게 된다. 자신의 고유 틈새시장을 장악하게 되면서 밥의 문제도 자연스럽게 해결된다. **《구본형의 신화 읽는 시간》**

자신의 직업에서 밥과 존재, 두 마리의 토끼를 잡을 수 있는 사람은 행복하다. 그러나 많은 사람들은 둘 다 불만족이거나 둘 사이의 불균형으로 힘들어한다. 글로벌 기업에 근무하면 둘 다 해결될 것처럼 보이지만 그렇지 않았다. 거대한 조직의 작은 부품처럼 초라해 보였고, 반복되는 업무가 식상하게 느껴질 무렵 그만두었다.

밖으로 나온다고 해결될 문제가 아니다. 밖에서는 밥과 존재가 더 위협받는다. 나는 밥을 위한 일과 존재를 위한 일이 달랐다. 밥에서 상처를 받을 때는 존재로 위안을 했다. 나의 존재는 책 쓰기였다.

일에 대한 태도

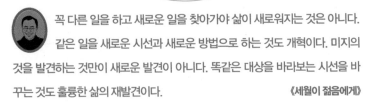

─────(새로운 시선)─────

꼭 다른 일을 하고 새로운 일을 찾아가야 삶이 새로워지는 것은 아니다.
같은 일을 새로운 시선과 새로운 방법으로 하는 것도 개혁이다. 미지의
것을 발견하는 것만이 새로운 발견이 아니다. 똑같은 대상을 바라보는 시선을 바
꾸는 것도 훌륭한 삶의 재발견이다.   《세월이 젊음에게》

　직장인들이 삶을 바꾸기 위해서는 회사를 그만두어야 한다고 생
각한다. 나도 그렇게 생각하고 일찍 회사를 그만두었다. 지나고 보
니 성급했다는 생각이 들었다. 나는 회사 일에 최선을 다하였나 생
각해보니 자신 있게 대답할 수 없다. 나의 일을 새롭게 해보고 싶다
는 생각만 했을 뿐 무슨 일을 어떻게 할지를 생각하지 않았다. 당연
히 시행착오가 많았다. 내 생각만 바꾸면 되는데 세상이 꽃으로 덮
이길 바랐던 것이다.

　개혁은 세상을 바꾸는 것이 아니다. 나 자신을 바꾸면 세상이 다
르게 보인다.

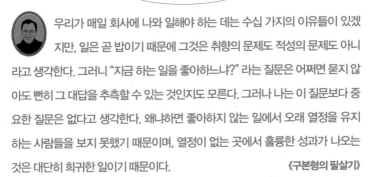

어찌 즐겁기만 할까

우리가 매일 회사에 나와 일해야 하는 데는 수십 가지의 이유들이 있겠지만, 일은 곧 밥이기 때문에 그것은 취향의 문제도 적성의 문제도 아니라고 생각한다. 그러니 "지금 하는 일을 좋아하느냐?" 라는 질문은 어쩌면 묻지 않아도 뻔히 그 대답을 추측할 수 있는 것인지도 모른다. 그러나 나는 이 질문보다 중요한 질문은 없다고 생각한다. 왜냐하면 좋아하지 않는 일에서 오래 열정을 유지하는 사람들을 보지 못했기 때문이며, 열정이 없는 곳에서 훌륭한 성과가 나오는 것은 대단히 희귀한 일이기 때문이다. 《구본형의 필살기》

사부는 "좋아하는 일을 하라"고 강조하지만 현실은 그렇지 않다. 의사나 검사, 변호사도 자신의 일을 좋아할까? 좋아하는 일을 하며 그 일을 잘 할 수 있으면 행운이다. 하지만 그런 행운을 누리는 사람은 많지 않을 것이다.

돈을 쓰면서 하는 일은 다 즐겁다. 반면 같은 일이라도 돈을 버는 일은 힘들다. 골프를 치는 것과 캐디로서 일하는 것은 다르다. 매일 출근하여 고스톱을 8시간씩 치라고 하면 월급을 준다고 해도 재미없을 것이다.

한때 사부가 너무 이상적인 것을 강조하는 것이 아닐까 생각했다. 젊은 시절에 사부의 책을 읽고 불타지도 않은 갑판에서 뛰어내렸지만 현실은 차갑고 어두운 바다였다. 그 후 힘든 일을 겪으면서 이상을 좇되 현실을 무시해서는 안 된다는 것을 알게 되었다. 좋아하는 일을 하면서 살면 좋지만 자신의 일을 어떤 시각으로 보느냐에 따라 생각이 달라질 수도 있다는 것을 알게 되었다.

일이란 문제를 해결하는 것인데 어찌 즐겁기만 하겠는가. 해결해야 할 문제가 없다면 자신이 왜 필요한가를 생각하라. 즐거우려면 문제를 보는 시각과 해결하는 과정을 즐겨야 한다. 일이란 그렇게 환상적인 것도 아니고 그렇게 못 할 일도 아니다. 돈이란 고객의 문제해결에 대한 보상이다. 문제가 클수록 보상이 큰 것은 당연하다.

일과 부가가치

 바쁠 정도로 노력은 많이 하는데 부가가치가 적다면, 쓸데없는 일에 소요하는 시간이 많다는 뜻이다. 바쁘면서도 효과가 떨어지고 노동이 낭비되는 모델을 경계해야 한다. 왜냐하면 머리를 쓰거나 창의적이거나 상상력이 작동되는 혁신적인 지적 활동이 별로 일어나지 않는 노동은 지식사회에서 부가가치를 만들어내기 어렵기 때문이다. 《사람에게서 구하라》

현대인들은 "바쁘다"는 말을 입버릇처럼 달고 살지만 정작 성취감을 즐기지도 못할 뿐만 아니라 바쁘지 않을 때에도 한가함을 잘 즐길 줄 모른다. 한가할 때는 없던 일을 만들어서라도 자신을 가만히 있게 두지 않는다. 축구에서 많이 뛴다고 좋은 선수가 아니다. 뛰어야 할 때 뛰고 그렇지 않을 때는 전체 흐름을 잘 파악하는 선수가 좋은 선수다. 야구도 마찬가지다. 가장 많은 공을 던지는 투수가 좋은 투수가 아니다. 할 수만 있다면 공 세 개로 아웃카운트를 잡고, 평범한 땅볼이나 뜬 공으로 유도하여 아웃을 잡아가는 투수가 좋은 선수다.

내 일을 예술처럼

평범한 직업이란 없다. 그저 평범한 업무 방식이 있을 뿐이다. 무료하고 반복적이고 새로운 도전이 결여되어 있는, 늘 그렇고 그런 업무에 우리는 무기력해지고 이내 지치고 만다. 그러나 우리는 사소한 변화로부터 다시 시작할 수 있다. 왜냐하면 유감스럽게도 작고 사소한 것이 우리의 일상을 지배하고 있기 때문이다. 《그대, 스스로를 고용하라》

어느 10월의 마지막 날에 아내와 함께 영화를 보았다. 죽음을 다룬 〈굿바이〉라는 일본 영화였다. 주인공인 고바야시는 첼리스트였는데 오케스트라가 해체되는 바람에 실업자가 되었다. 모집광고를 보며 일자리를 찾던 중 장례회사에 취직하여 온갖 종류의 죽음을 보게 된다. 아내에게는 비밀로 했지만 결국 아내도 알게 된다.

아내는 결국 친정으로 가버리지만 그는 점점 그 일에 빠져들어 간다. 어느 부인의 시신을 예쁘게 화장(化粧)을 했는데 나중에 부인의 남편이 고바야시에게 엎드려 절을 하면서 감사의 인사를 한다. 자신은 지금까지 그렇게 예쁜 아내의 얼굴을 본 적이 없다는 것이다. 그는 자신의 일을 예술로 승화시키는 것 같았다. 예술까지는 아니더라도 자신이 어떤 일을 하더라도 거기에서 의미를 찾고 새로운 방식으로 자신의 일을 할 수 있으면 일상이 바뀌고, 일상이 바뀌면 삶이 바뀔 것이다.

프랜차이즈의 함정

프랜차이즈의 경우 안전성을 담보로 가입비나 로열티를 내고 시작하지만 그 자체가 신뢰를 팔아먹는 사기거나 무책임한 경우도 많다. 프랜차이즈 본사를 잘못 선택하면 제대로 사업도 해보기 전에 돈을 날리는 수가 많다. 프랜차이즈의 경우는 본사의 신뢰도 검증이 무엇보다 우선되어야 한다. 대체로 유통만 하거나 유통과 인테리어 사업만 하는 프랜차이즈 본사보다는 생산시설을 갖춘 채 유통 체인을 모집하는 곳이 상대적으로 더 믿을 만하다. 그러나 사전 신뢰도 검증이 무엇보다 우선하는 필수적 과정이다. **《내가 직업이다》**

전문적인 기술이 없는 사람이 적은 돈으로 자신의 일을 해보려고 할 때 쉽게 생각할 수 있는 게 프랜차이즈다. 쉽게 진입할 수는 있지만 성공하기 힘든 것이 바로 이것이다. 진입장벽이 낮다는 것이 장점이자 단점이 되기 때문이다.

프랜차이즈를 하려고 회사를 나온 것은 아니지만 세상을 쉽게 보고 프랜차이즈를 시작했다가 3개월도 안 되어 본사가 문을 닫는 바람에 인생의 첫 번째 쓴맛을 보았다. 외환위기 당시 잘 나가는 연예인을 브랜드화한 것에 현혹되어 돈을 날리고 멘탈도 망가졌다.

쉬운 길이 어려운 길이다. 남과 다른 생각, 아이템, 기술과 시스템이 있어야 성공하는 것이 사업이다. 프랜차이즈는 쉽게 할 수 있는 구조로 되어 진입장벽이 낮은 분야다. 그런 곳에서는 얻을 수 있는 것이 제한적이다.

삶에는 어떤 흥분이 있어야 한다. 일상은 그저 지루한 일이나 노력의 연속만이어서는 안 된다. 어제 했던 일을 하며 평생을 살 수 없는 것이 바로 격랑과 같이 사나운 지금이다. 부지런함은 미덕이지만 무엇을 위한 부지런함인지가 더욱 중요하다. 그저 바쁜 사람은 위험에 처한 사람이다. 기계가 대신할 수 있는 영역에 몸을 담고 있는 사람 또한 위험하다. 단순 반복적인 일로 매일을 보내는 사람 역시 위험하다. 그가 진정 성실한 사람이라고 해도 그렇다.

《익숙한 것과의 결별》

일을 하면서 재미를 느끼지 못하면 삶이 힘들어진다. 취미는 삶의 활력소는 될 수 있지만 오래 하기 힘들다. 골프를 매일 칠 수도 없는 일이고, 매일 여행만 다닐 수도 없다. 일은 존재의 의미다. 일을 통해서 존재의 의미를 알고 사회에 공헌하는 것이다.

그렇다고 해서 일에 과도한 기대를 하는 것은 너무 이상적이다. 삶에서 일이란 사랑과 같은 것이다. 사랑이 항상 달콤하지만은 않은 것처럼 좋아하는 일을 하더라도 항상 즐거울 수는 없다. 사랑에서 흥분을 빼놓을 수 없지만 대부분의 일상은 덤덤한 것처럼 일도 즐거움을 뺄 수 없지만 대부분의 일들은 힘들거나 따분하거나 재미없다. 과정을 즐길 수 있어야 일이 즐겁고 일이 즐거워야 인생이 행복하다.

유망직종은 없다

전직을 결심한 사람들, 혹은 창업하려는 사람들의 첫 번째 질문은 거의 예외가 없다. "뭐, 좋은 것 없을까?" 그래서 모든 창업가이드는 유망직종을 다룬다. 그러나 누구에게나 맞는 유망직종은 없다. 유행직종이 있을 뿐이다. 우리가 원하는 것은 평생직업이다. 따라서 이렇게 질문해야 한다. "나에게 맞는 유망직종은 무엇인가?" '자신'을 주어로 시나리오를 작성해야 한다. 《내가 직업이다》

누구에게나 좋은 것은 없다. 평안감사라고 다 좋아하는 것은 아니다. 베토벤, 피카소라고 모든 사람들이 다 좋아하는 것도 아니다.

"좋은 책 한 권 추천해달라"는 친구의 부탁을 결국 들어주지 못했다. 누구에게나 맞는 좋은 책이란 없다. 아무리 좋은 약이라도 맞는 사람이 있고 안 맞는 사람도 있는 것처럼 책도 사람마다 다르다.

유럽 여행을 많이 했다는 어느 사업가에게 아내가 물었다.

"유럽에서 어느 나라가 제일 좋던가요?"

"그렇게 물으면 대답할 수 없습니다. 경치가 아주 좋은 나라도 있고, 음악으로 유명한 나라가 있고, 미술로 유명한 나라가 있습니다. 무엇에 대해 답할까요?"

그가 우문현답을 했다. 주어가 빠진 유망직종은 의미가 없다. 아무리 좋아도 나와 맞지 않으면 유망직종이라 할 수 없다.

249

성장

10

생명체가 아름다운 것은 성장하기 때문이다.

외면의 성장에는 한계가 있지만

내면의 성장은 노력에 따라 얼마든지 달라질 수 있다.

배우지 않으면 바뀌지 않고, 바뀌지 않으면 성장할 수 없다.

성장한다는 것은 살아있다는 것이다.

집중과 열정 ¶ 우리를 성장하게 하는 것
질문의 힘 ¶ 성장의 아름다움

삶에 정답은 없다. 나의 답을 찾아가는 것이 삶이다.

사람의 수준은 생각의 수준이며,

생각의 수준은 대답이 아니라 질문에서 나타난다.

대답은 주어진 문제에 대한 반응이지만

질문은 생각의 크기만큼만 할 수 있다.

성장은 나이에 비례하지 않으며, 나이가 많다고 멈추는 것도 아니다.

20대에 성장이 멈춘 사람이 있는가 하면, 90대에 박사가 된 사람도 있다.

집중과 열정

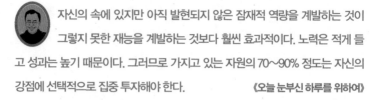

강점에 투자하라

자신의 속에 있지만 아직 발현되지 않은 잠재적 역량을 계발하는 것이 그렇지 못한 재능을 계발하는 것보다 훨씬 효과적이다. 노력은 적게 들고 성과는 높기 때문이다. 그러므로 가지고 있는 자원의 70~90% 정도는 자신의 강점에 선택적으로 집중 투자해야 한다. 《오늘 눈부신 하루를 위하여》

꽃씨를 뿌리다 보면 어느 정도 자랄 때까지는 무슨 꽃인지 모를 때가 있다. 재능도 마찬가지다. 자신의 강점인지 아닌지 알 수 있으면 다행이지만 그렇지 못할 때가 훨씬 더 많다. 어떻게 해야 할까? 일단 물을 주면서 어느 정도 클 때까지 인내심을 가지고 지켜봐야 한다. 자라면 솎아내야 할 것은 솎아내고 키워야 할 것은 집중적으로 키워야 한다.

자신의 단점을 고치는 것은 꽃밭에서 잡초를 제거하는 것과 같다. 잡초도 지나친 것은 제거해야 하지만 중요한 것은 꽃을 잘 가꾸는 것이다.

죽을 때까지 자신을 배신하지도 떠나지도 않는 것은 자신이 가지고 있는 재능이다. 하도 평범하여 자신에게 별다른 재능이 없다고 생각하는 사람도 있을 것이다.

그러나 걱정하지 마라. 누구든 자신을 가장 잘 표현할 수 있는 방법 하나쯤은 가지고 있다. 중요한 것은, 신이 허락한 그것이 무엇인지 알아내는 것이며, 정성을 다하고 시간을 투자하여 그것을 계발하는 일이다. 《그대, 스스로를 고용하라》

나는 유창한 말보다 재미있게 말하는 것을 좋아한다. 길게 말하는 것보다 짧게 표현하는 것을 좋아한다. 유창한 말은 상대에게 부담을 주고 길게 말하는 것은 상대의 말할 기회를 뺏는 것이다.

유머와 비유는 기본이다. 평소에는 약간 어눌하지만 상황에 따라 유창하게 말할 수도 있다.

KBS1라디오의 50분짜리 프로그램에 나간 적이 있었는데 방송을 들은 어떤 지인은 평소와 다른 나의 모습을 보고 놀랐다고 한다. 글을 쓸 때도 건빵 속의 별사탕처럼 유머코드를 숨겨둔다. 어려운 내용을 짧고 쉽게 표현하는 것을 좋아한다.

돌아보면 어떤 식으로 자신을 표현하는지 알 수 있다. 다른 재능도 자세히, 오래 보면 알 수 있을 것이다.

사부는 칼럼을 쓰면서 나에 대한 이야기를 한 적이 있다.

말을 잘 한다는 것은 달변을 의미하는 것은 아닙니다.

말을 못 하지만 쉽게 마음을 얻어 가는 사람도 많습니다.

그런 사람이 정말 말솜씨가 뛰어난 사람이지요.

내가 알고 있는 사람 중에 '어당팔'이라는 분이 있습니다.

'어리숙한 사람이 당수 팔단'이라는 말을 줄여서 붙여준 이름입니다.

이 분은 말을 조금 더듬습니다.

달변과는 거리가 먼 분이지요.

사람들은 끊어질 듯 끊어질 듯 더듬는 그의 스피드에

조마조마하다가 느닷없는 반전에 홀딱 넘어가곤 합니다.

이 분은 말을 잘 못하지만 유머 감각이 뛰어납니다.

특히 비유를 매우 잘 합니다.

그 비유가 매우 적절하여 사람들은 갑자기 마음을 트고 웃고 맙니다.

그에게 말솜씨는 곧 유머인 것입니다.

그러나 어떤 사람에게 화술은 곧 정성입니다.

또 어떤 누구에게는 화술이란 곧 현란한 지식이고,

또 다른 누구에게는 화술은 곧 침묵이기도 합니다.

말을 잘 하려고 하지 말고,

자신이 가진 특성을 살려 상대의 마음을 얻으면

그것이 화술의 정수가 되는 법입니다.

이것이 기본입니다.

받은 것에 집중하라

작은 능력이라도 십분 다 쓰고 가면 성공적이다. 신이 준 것을 힘껏 활용해야 한다. 받지 못한 것에 실망하거나 슬퍼할 일이 아니다. 받지 못한 것에 땀을 흘리지는 마라. 적합한 투자가 아니다. 땀은 훌륭한 미덕이지만 노력만 하는 삶은 괴로운 인생이다. 오직 받은 것에 집중하자. 이때만이 땀은 우리에게 보상한다. 《구본형의 필살기》

낙락장송도 처음에는 작은 씨앗이었다. 나에게 어떤 씨앗이 있는지 모르기 때문에 많이 뿌려보는 수밖에 없다. 다른 사람의 밭을 보지 말고 내가 뿌린 씨앗이 자라는 것을 보라. 처음에는 어느 것이 잘 자랄지 모르니 물을 다 주라. 미켈란젤로는 "내가 이 그림을 그리려고 얼마나 노력했는지 안다면 결코 나를 천재라 부르지 않을 것이다." 라고 했다.

내가 받은 것은 '자조, 자립, 끈기'다. 혼자 생각하고, 스스로 문제를 해결하고, 일단 하면 오래 한다. 사부의 연구원들과 함께《나는 무엇을 잘 할 수 있나》라는 책을 공저했다. 공저한 것은 그게 전부다. 누구에게는 공저가 쉬웠지만 내게는 공저가 어려웠다. 나는 혼자 쓰는 것을 좋아한다. 운동도 혼자 하는 것을 좋아하다 보니 구기 종목보다는 태권도, 검도 같은 무도를 오래 하게 되었다.

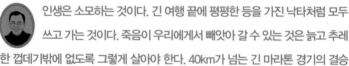

가슴 아픈 이야기

인생은 소모하는 것이다. 긴 여행 끝에 평평한 등을 가진 낙타처럼 모두 쓰고 가는 것이다. 죽음이 우리에게서 빼앗아 갈 수 있는 것은 늙고 추레한 껍데기밖에 없도록 그렇게 살아야 한다. 40km가 넘는 긴 마라톤 경기의 결승점을 통과한 선수에게 아직도 뛸 힘이 남아 있다면 경기에 최선을 다한 것이 아니다. 이 세상에 모든 것을 쓰고 남겨놓은 것 없이 가야 하는 것이 인생이다.

《오늘 눈부신 하루를 위하여》

헤밍웨이와 친구들이 내기를 했다.

'여섯 개의 단어로 자신들을 울릴 만큼 슬픈 소설을 쓸 수 있는가'에 대한 것이었다.

헤밍웨이는 이렇게 썼다.

"For sale: baby shoes, never worn."

– 아기 신발을 팝니다. 한 번도 신지 않은…….

신발 한 번 신겨보지 못하고 갓난아기를 잃은 것도 슬픈 일이지
만 신발을 팔아야 할 만큼 가난한 처지에 있는 어머니의 사연에 가
슴이 아파 친구들은 눈물을 흘리고 말았다.

나에게 한 번도 사용하지 못하고 버려지는 것은 없을까? 재능을
써야 할 곳에 쓰지 않고 묵혀두고 있지는 않은가 생각해볼 일이다.

매일 하라

 매일의 힘을 살릴 수 있으면 우리는 나아질 수 있다. 그러나 매일의 힘을
빌려올 수 없으면, 그날을 쓰지 못한 만큼 과거에 머물 수밖에 없다. 매
일 그리지 않는 화가는 화가가 아니다. 매일 연습하지 않는 연주가는 연주가가 아
니다. 매일 쓰지 않는 작가는 작가가 아니다. 연습을 거른 그날, 그들은 화가도 연
주가도 작가도 아닌 것이다.   《구본형의 필살기》

하루를 연습하지 않을 수 있다. 나 혼자만 눈을 감으면 된다. 그
러나 이것이 두려운 것은 한 번 눈을 감는다는 것이 한 번으로 끝나
기 어렵기 때문이다. 아무리 하찮은 일이라도 매일 하는 것은 어렵
다. 할 수 있게 하는 것은 습관이다. 습관이 되면 무중력 상태에서
비행하는 우주선과 같다.

오래 한 것은 모두 습관의 힘을 이용한 것이다. 새벽기상, 독서,

수영, 검도, 스케이트, 줄넘기, 글쓰기 등이 습관이 되지 않았다면 그렇게 오래 하지 못했을 것이다.

내가 산 줄넘기는 백 개도 넘는다. 한 번 하면 최소 천 개 한다. 많이 할 때는 쉬지 않고 만 개도 했다. 쉽게 건너던 돌다리도 한두 개 빠지면 건너기 어렵듯이 줄넘기도 하루이틀 빼먹으면 몸이 무거워져 점점 싫어진다. 오래 쉬다가 다시 하면 천 번 하는 것도 힘들어진다. 습관의 힘이 정말 무섭다.

우리를 성장하게 하는 것

철학

생각이 우리를 불행하게 한다. 그러나 생각이 우리를 위대하게 한다. 이 세상에 성공한 사람은 많다. 그러나 철학이 없으면 결코 위대해질 수 없다. 성공했으나 천박한 자는 철학이 없기 때문이다. 평범함을 넘어선 모든 사람은 자신의 생각을 따른 사람들이다. 자신의 생각대로 살아볼 수 있는 제 세상 하나를 가진 자, 그들이 바로 평범함을 넘어 자신을 창조한 인물이다. 《깊은 인생》

철학은 삶의 뿌리이자 기둥이다. 철학이 없으면 쉽게 흔들리는 것도 이 때문이다. 나의 철학이 없으면 다수의 길을 따라갈 수밖에 없다. 유교의 영향을 많이 받아온 우리나라는 집단의식이 강하다.

지금은 집단주의보다는 개인주의로 빠르게 바뀌고 있다. 과거에는 전체의 흐름에 따라가면 되었지만 지금은 방향이 서있어야 한다. 철학은 어려운 게 아니다. 자신의 생각이 철학이다. 이제는 개인적인 생각이 세계적인 생각이 될 수 있는 시대다.

'나는 누구인가?' '왜 살아야 하는가?' '어떻게 살 것인가?' 이런 질문에 대한 대답은 자신의 철학에서 나온다.

고독

고독은 마치 영혼의 고통을 담은 용광로 같아서 반드시 거쳐야 하는 제련 과정이다.

세상의 생각 대신 자신의 생각을 가진다는 것은 위험한 일이다. 그것은 고독이라는 대가를 치러야 한다. 외로움이란 바로 자신의 생각에 빠져들고 세상에 이미 알려진 상식적 삶에 질문을 퍼붓는 것이기 때문이다. 자신의 생각은 고독을 만들고, 고독은 철학을 가짐으로써 위대한 생각으로 나아간다. 《깊은 인생》

인생에서 절대 피할 수 없으면서 삶을 깊게 만드는 두 가지가 있다. 그것은 죽음과 외로움이다. 죽음은 사는 동안 각자 넘어야 할 은산철벽(銀山鐵壁)이다.

누구에게나 오는 외로움이지만 누구에게는 고통이 되기도 하고, 또 누구에게는 즐거움이 될 수도 있다. 외로움을 고독으로 바꾸면 된다. 외로움에 젖으면 수많은 부정적인 생각이 떠오르지만 고독에 젖으면 자신의 생각에 깊이 스며든다.

고독은 자신의 내면과 만나는 것이다. 내면이 깊은 사람만이 고독을 즐길 수 있으며 자신만의 가치 있는 시간으로 승화시킬 수 있다. 위대한 철학이나 예술은 모두 이런 과정을 거쳐 만들어진 것이다.

사실로서의 과거는 그대로 존재하지만 그것에 대한 이해와 해석 그리고 표현이 오늘 달라지는 것입니다. 어제 했던 생각을 오늘 허물고 다시 쓰는 것이 진보가 아닐까요? 새로운 언어 없이는 새로운 세계도 없습니다.

《일상의 황홀》

화를 내는 것은 사건 때문일까, 그에 대한 해석 때문일까? 사람을 사랑한다면 그 사람의 실체를 사랑하는 것일까, 자신이 그린 이미지를 사랑하는 것일까?

과거에 옳다고 생각했던 것이 지금은 그렇지 않은 것들이 많다. 지금 하는 생각이 옳지 않을 수도 있다는 것을 아는 것이 열린 생각이다. 열린 사람은 자신이 옳다고 생각한 것이라도 타당한 이유와 근거가 있으면 바꿀 준비가 되어 있는 사람이다.

철학자 비트겐슈타인은 "내 언어의 한계는 내 세계의 한계이다."라는 말을 했다. 내 세계의 한계를 키우려면 내가 사용하는 언어를 바꾸어야 한다. 다른 사람에게 하는 말도 중요하지만 자신에게 하는 말이 더 중요하다.

"자기주장이 강하다"는 말을 들은 적이 있다. 나를 돌아보았다. 나의 언어에는 단정적인 말이 자주 나온다는 것을 알게 되었다. '절대' '모든' '반드시' ……, 이런 말이 나의 세계를 가두고 있었다.

일상에서 하는 말을 바꾸면 나의 세계의 한계도 넓어질 것이다.

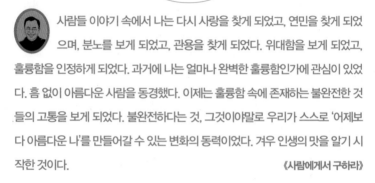

불완전함

사람들 이야기 속에서 나는 다시 사랑을 찾게 되었고, 연민을 찾게 되었으며, 분노를 보게 되었고, 관용을 찾게 되었다. 위대함을 보게 되었고, 훌륭함을 인정하게 되었다. 과거에 나는 얼마나 완벽한 훌륭함인가에 관심이 있었다. 흠 없이 아름다운 사람을 동경했다. 이제는 훌륭함 속에 존재하는 불완전한 것들의 고통을 보게 되었다. 불완전하다는 것, 그것이야말로 우리가 스스로 '어제보다 아름다운 나'를 만들어갈 수 있는 변화의 동력이었다. 겨우 인생의 맛을 알기 시작한 것이다.   《사람에게서 구하라》

완벽한 것은 없다. 완벽이란 추구의 대상이지 획득할 수 있는 것이 아니다. 우리는 모두 불완전한 존재들이다.

자신의 불완전함을 알고 노력하는 사람이 아름답다. 파스칼은 인간은 갈대처럼 연약하고 보잘것없는 존재지만 무한한 우주에 대해 사고할 수 있고, 자기가 죽는다는 것과 우주가 자기보다 훨씬 우월하다는 것을 알고 있기 때문에 인간이 위대하다고 했다.

책은 많이 알아야 쓸 수 있지만 쓰면서 많이 알게 된다. 쓰면서 부족함을 알게 되고 그 차이를 극복하면서 책이 되기 때문이다. 인간관계가 좋아서《유쾌한 인간관계》를 쓴 것이 아니고, 부부금슬이 좋아서《결혼 후 10년》이란 책을 쓴 것이 아니다. 말을 잘해서《말 잘하는 사람들의 3가지 비법》을 쓴 것도 아니다. 부족함을 채우면서 썼고 그런 사람이 되려고 노력하고 있다. 점점《큰 바위 얼굴》처럼 그런 사람이 되어가는 것을 느낀다.

───────────── 도전 ─────────────

나는 내가 어둠과 빛을 동시에 가지고 있는 사람이라는 것을 받아들여야 했다. 도전이란 할 수 없는 것을 하는 것이 아니다. 그것은 매번 다른 실패를 딛고 나일 수밖에 없는 길로 운명적으로 들어서는 것을 말한다. 첫 번째 도전은 실패를 이기는 것이다. 두 번째 도전은 실패를 마음에 담아두지 않는 것이다. 세 번째 도전은 매일 실험을 즐기는 것이다. 이때는 이미 실패도 성공도 사라진다. 여행을 즐기는 자는 끝없는 호기심으로 새로운 세계에 탐닉한다. 그들은 춤추듯 즐거운 하루를 보낸다.
《나, 구본형의 변화 이야기》

───────────────────────────────

실패란 사건 자체에 대한 진실이 아니라 사건에 대한 판단이다. 실패란 성공의 반대가 아니라 경험의 또 다른 이름이다. 치명적인 병에 걸리지만 않으면 아프면서 커가듯이 치명적인 실패만 아니라면 경험하면서 성장한다.

263

내 안에는 긍정과 부정이 수없이 싸우고 있다. 마지막에는 긍정의 손을 들어준다. 이것을 반복하면서 성장한다. 신중해야 할 것도 있지만 삶은 그렇게 심각하게 살지 않아도 된다. 작은 것부터 시도해보는 것이 좋다. 노래하고, 춤추고, 사랑하고, 자연을 가까이 하면서……

운명같은 기회

사건이 사람을 이끌고 우연이 운명을 결정하는 것처럼 보인다. 그러나 사실은 그렇지 않다. 정신이 준비되어 있지 않다면 어떤 우연도 위대한 각성으로 이어지지 않는다. 제자가 준비되면 위대한 스승이 나타나듯, 사람이 준비되면 위대한 사건이 일어난다. 그 자체로 위대한 스승이나 사건이 존재하는 것은 아니다. 사람의 운명이 바뀌기 때문에 그 만남이 위대해지는 것이다. 우연의 얼굴을 가진 필연, 그 사람 자체가 바로 운명임을 홀연 깨닫게 해주는 위대한 떨림은 이렇게 맺어진다. 《깊은 인생》

인생을 바꾸는 기회가 우연하게 오는지 운명적으로 오는지 알 수 없다. 우연하게 오는 기회를 진지하게 받아들인다면 운명이 된다. 준비되지 않으면 우주를 흔들면서 오는 기회도 잡을 수 없고, 준비가 되어 있다면 깃털처럼 가벼운 것도 운명처럼 무겁게 받아들일 수 있다. 운명이 따로 있는 것이 아니다. 그 사람의 생각이 그의 운명이다.

'꿈 프로그램'에 가게 된 것도 처음에는 우연한 일이었지만 나중에 운명이 되었다. 사부의 메일을 받고 바로 신청하였다. '4박5일' '단식' '백만원'이란 단어를 보긴 했지만 깊이 생각하지 않았다.

집에 와서 아내에게 그 이야기를 하니 의외의 반응이 나왔다. '단식하는 데 백만원?' 아내는 '그 돈이면 해외여행도 갈 수 있겠다'는 표정이었다. 나는 일단 다시 생각해보기로 하고 메일을 열어보았더니 벌써 답장이 와 있었다.

"하하. 김선생. 환영합니다. 재미있게 잘 놀아봅시다."

다시 생각해보겠다는 말도 못하고 운명으로 받아들였다. 삶은 우연을 어떻게 운명으로 바꾸는가에 달려있다고 해도 과언은 아닐 것이다.

질문의 힘

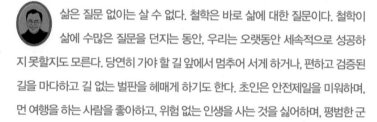

질문의 수준

삶은 질문 없이는 살 수 없다. 철학은 바로 삶에 대한 질문이다. 철학이 삶에 수많은 질문을 던지는 동안, 우리는 오랫동안 세속적으로 성공하지 못할지도 모른다. 당연히 가야 할 길 앞에서 멈추어 서게 하거나, 편하고 검증된 길을 마다하고 길 없는 벌판을 헤매게 하기도 한다. 초인은 안전제일을 미워하며, 먼 여행을 하는 사람을 좋아하고, 위험 없는 인생을 사는 것을 싫어하며, 평범한 군중의 일부가 되는 것을 거부한다. 《깊은 인생》

사람의 수준은 생각의 수준이며, 생각의 수준은 질문에서 나타난다. 대답은 주어진 문제에 대한 반응이지만 질문은 생각의 크기만큼만 할 수 있다.

서양 근대철학의 창시자 데카르트는 "나는 생각한다. 고로 나는 존재한다"고 했다. 생각하지 않는 것은 존재하지 않는 것이다. 질문은 생각에서 나온다. 발전은 질문에서 시작된다.

질문에는 좋고 나쁘고가 없다. 우리가 누리는 문명이나 당연하게 생각하는 것들도 처음에는 엉뚱한 질문에서 시작되었다.

질문의 힘은 어디서부터 나오는 것일까? 익숙해 신기할 것이 없는 것을 낯설게 보는 훈련으로부터 온다. 나는 이것을 '시인의 시선'이라고 부른다. 수십 번 수백 번 보았지만 제대로 본 적은 한 번도 없는 것들에 우리는 둘러싸여 산다. 그러나 언젠가 한 번 제대로 보는 순간 우리는 느닷없이 재미있는 세상으로 인도된다. 《나는 이렇게 될 것이다》

명령하는 리더는 이류밖에 안 된다. 질문하여 스스로 선택하도록 하는 것이 일류 리더다. 소크라테스가 그런 사람이다. 질문을 하는 사람은 기존의 가치관이나 관념을 당연하게 받아들이지 않는다. 스스로에게 물어 확인한다.

뉴턴은 사과가 나무에서 떨어지는 것을 보고 중력의 법칙을 발견했다. 수많은 사람들이 사과가 떨어지는 것을 보았지만 "사과가 왜 떨어질까?" 질문하지 않았다. 그것을 당연하게 생각하였던 것이다. 질문은 익숙한 것을 낯설게 보는 시선이 있어야 나온다. 대부분 사람들이 생각하는 것과 다르게 생각해야 나온다.

내려올 때 보았네
올라갈 때 보지 못한 그 꽃

고은의 시 '그 꽃'이다. 같은 방식으로 수백 번 보아도 보이지 않는다. 다르게 보아야 보인다.

자세히 보아야 예쁘다
오래 보아야 사랑스럽다
너도 그렇다

나태주의 시 '풀꽃'이다.

자세히, 오래 보아야 본질을 볼 수 있다. 오래 보면 다르게 볼 수 있다. 질문의 힘은 다르게, 오래, 자세히 보고 생각해야 나온다. 그렇게 나온 질문에 대한 답은 세상을 바꾸고 자신을 바꿀 수 있다. 그런 질문 자체가 내면의 힘이 된다.

질문 없는 사회

창의성의 시작은 질문으로부터 온다. 철학은 '만물의 근원은 무엇일까'를 묻는 질문에서부터 시작되었다. 답이 중요한 것이 아니다. 좋은 질문이 위대하다. 우리 교육의 가장 큰 문제는 질문할 수 있는 호기심과 자유의 힘을 빼앗은 것이다. 너무도 빨리 정말 알고 싶은 것들을 제쳐두고, 아직 절실하지 않은 세상의 대답들을 외우게 함으로써 질문의 힘을 죽여버린다. 그러나 사회에 나오는 순간 학생들은 이 세상에 정답이란 애초에 없는 것임을 알게 된다.

《나는 이렇게 될 것이다》

내가 기억하는 최초의 질문은 "사람은 어디에서 오는가?"였다. 엄마는 처음에는 "하늘에서 떨어지는 아이를 받았다"고 하였다. 내가 믿지 않자 다음에는 "다리 밑에서 주웠다"고 하였다. 그 후 그런 질문을 하지 않았다.

아홉 살 무렵 친구가 물었다.

"말을 많이 하면 왜 배가 빨리 고파지는가?"

깊이 생각해보지 않고 둘러댔다.

"말을 할 때마다 밥알이 하나씩 없어지기 때문이야."

지금 생각하면 우습지만 전혀 근거 없는 말은 아니었다.

아이들은 천재로 태어나서, 자라면서 대부분 둔재로 바뀐다. 아이들의 질문이 황당하게 들리는 것은 어른들의 고정된 생각 때문이다. 아이들이 말을 배우면서 많은 질문을 하지만 원하는 대답을 해주지 못하는 경우가 많다. 그러면서 아이들의 질문이 줄어든다. 둔재가 되어간다는 표시다.

학창시절에 질문할 것이 많았다. 질문하면 교실 분위기가 썰렁해져 점점 질문이 줄었다. 내 안에 있는 수많은 씨앗이 꽃을 피우지도 못하고 죽어가고 있었다.

삶의 의미는 무엇인가?

얼마나 가져야 행복한가?

나는 어떤 사람이 되고 싶은가?

착하게 사는 것이 좋은 것인가?

이런 것들이 삶에 대한 질문이다.

삶에 정답은 없다. 자신의 답을 찾아가는 것이 삶이다. 성장하는 사람은 자신과 세상에 대한 질문을 많이 가지는 사람이며, 성장이 멈춘 사람은 절대불변의 답을 많이 가진 사람이다. 전자는 다른 질문을 계속 만들어내지만 후자는 같은 답을 계속 고수한다.

: 성장의 아름다움

나만의 씨앗

세상을 향해 아주 많은 씨앗을 날려야 한다. 어떤 것은 실종되고, 어떤 것은 시멘트같은 마음속에서 죽을 것이다. 그러나 어떤 것은 결국 누군가의 마음속으로 들어갈 것이다. 씨앗이 적절한 곳에서 쉽게 발아할 수 있도록 늘 더 나은 방법을 연구하라. 사람의 마음속에서 싹이 나고 푸른 잎을 단 아름다운 줄기로 자라도록 늘 새로운 품종을 개발하라. 그들을 감동시키고, 그들을 행동할 수 있게 하며, 그들이 실천하게 해야 한다. 따라서 그들이 좋아하는 모습과 색깔과 맛을 담은 향기로운 과육을 만들어내야 한다. 그러나 세상의 유행에 따르지 말라. 자연의 맛은 독특하고 차별적이다. 자신만의 맛과 향기를 지닌 품종을 만들어내라.

《나에게서 구하라》

세상을 향해 날릴 수 있는 나의 씨앗은 무엇일까? 씨앗은 특별한 때에만 뿌리는 것이 아니다. 일상 속에 있다. 매일 하는 말과 행동에 있다. 말은 부드러워야 한다. 상처를 주는 말 대신 감동과 웃음을 주는 말이면 좋겠다.

나는 어떤 말을 자주 하는가? 나는 감동을 주는 말보다 웃음을 주는 말을 더 잘 할 수 있다. 남을 울린 적은 없지만 웃겨서 울게 한 적은 있다. 말과 웃음으로 사랑과 행복의 씨를 뿌릴 수 있다. 인사를 잘 하는 것도, 미소를 보내는 것도 씨를 뿌리는 것이다.

자신의 매력

배우지 않고 바꾸지 않는다면 우리는 자라지 않을 것이네. 성장정체라는 질병에 걸린 것이지. 어려서 우연히 형성된 그것이 내 인생의 모든 것을 지배하는 일관성이 되어버린다면 무슨 재미가 있겠는가? 내가 어려서부터 알아온 그대가 그대의 모든 것이라면 그대는 탐사할 매력을 잃은 별에 불과할 것이네.

《구본형의 마지막 편지》

"선비는 사흘만 헤어져 있어도 괄목상대해야 한다."

괄목상대(刮目相對)의 고사에서 나온 이 말은 오나라의 여몽이 노숙에게 한 말이다. 여몽이 관우에게 이길 수 있었던 것은 힘이 아니라 지략 때문이었다. 그가 오나라의 군주 손권의 충고를 받아들여 책을 읽고 나서 눈을 비비고 마주해야 할 정도로 학식이 높아진 것이다.

3년 만에 만나도, 30년을 같이 살아도 변한 것이 없다면 살아도 산 것이 아니다. 아무리 좋아하고 친했던 사람이라도 세월이 지나도 옛날에 하던 생각과 말 그리고 행동을 지금도 그대로 하고 있는 사람이 있다면 어떤 생각이 들까?

배우지 않으면 바뀌지 않고 바뀌지 않으면 성장하지 않는다. 성장하지 않는 것은 살아있는 것이 아니다. 생명체가 아름다운 것은 성장하기 때문이다.

허물을 벗는다는 것

뱀의 상징성 중에서 가장 유용한 개념은 성장하기 위해 허물을 벗는다는 것이다. 허물을 벗지 못하면 뱀은 죽는다. 일생을 통해 여러 번의 허물벗기를 통해 이들은 커간다. 성장은 긍정적 변화의 대표적인 형태이다. 뱀들에게 탈피라는 변화는 삶과 죽음의 문제이다. 하면 좋은 것이 아니다. 탈피하지 못하면 죽고 마는 것이다. 뱀은 탈피를 생존의 비중으로 다루고 있기 때문에 온갖 부정적 이미지에도 불구하고 '지혜로움'의 상징이 되었다. **《낯선 곳에서의 아침》**

허물을 벗는다는 것은 성장을 위해 낡은 것을 버리는 것이다. 사람은 허물을 벗을 수 없지만 생각이 자신의 허물이다. 니체는《아침놀》에서 "허물 벗지 못하는 뱀은 파멸한다. 의견 바꾸는 것을 훼방 놓는 정신들도 마찬가지다. 그것들은 더 이상 정신이 아니다."라고 말했다. 사부는 자신이 뱀띠인 것을 좋아하였다. 허물 벗는 뱀이 지혜의 상징이라고 하였다.

생각을 바꾸지 못하면 허물 벗지 못하는 뱀과 같다. 책을 읽는다고 생각이 바뀌는 것은 아니다. 책은 생각을 바꾸는 재료일 뿐 생각이 바뀌는 것은 내 안에서 작은 혁명이 일어나야 한다. 생각이 바뀌었다고 사람이 변하는 것은 아니다. 행동이 바뀌어야 사람이 변하는 것이다.

평생 공부

지금 가장 훌륭한 직업인의 조건 가운데 하나는 평생을 학습할 수 있는 자세와 열정이다. 어제의 지식으로 오늘을 살 수 없을 만큼 지식의 유효 기간이 짧아졌기에 학습 없는 인재란 없다. 선비정신은 곧 평생학습의 정신이다. 선비는 학인(學人)이다. 그것도 평생 배우는 사람이다. 평생 배우는 자세를 가지지 않고 전문가가 될 수는 없다. 지금처럼 호학의 기풍이 필요한 때는 없다.

《코리아니티 경영》

"배우고 때로 익히면 기쁘지 아니한가 (學而時習之 不亦說乎)."

이 말이 논어의 첫머리에 나오는 것을 보니 공자는 이 말을 무척 좋아한 것 같다.

사부가 좋아하는 말은 "어제보다 더 아름답게 사는 것"이다. 그것은 매일 배우고 익히는 삶이며 행동으로 옮기는 삶이다. 사부는 그렇게 살려고 하는 사람을 도우며 살았다.

공부를 조금 하면 자만심이 생기지만 공부를 깊이 하면 겸손해진다. 자만심은 자신의 무지와 부족함에서 오며 겸손은 자신의 충만감과 자신감에서 오기 때문이다.

매일 하는 것이 있다. 독서와 쓰기 그리고 운동이다. 읽는 것을 하루만 쉬면 입이 알고, 쓰는 것을 하루 쉬면 머리가 알고, 운동을 하루 쉬면 몸이 안다. 안중근 의사가 옥중에서 쓴 "일일부독서 구중생형극(一日不讀書 口中生荊棘)"이란 글을 보고 처음에는 지나친 과장이 아닐까 생각했는데 그게 아니었다.

이 책을 쓰기 위해 사부의 많은 책을 다시 꼼꼼히 읽었다. 그 주제에 대해 내 생각과 경험을 쓰다 보니 사부와 대화하는 느낌이 들었다. 이제는 그것이 일상이 되어 사부와 대화를 나누는 시간이 많아졌다.

"당팔 선생! 뚜벅뚜벅 걷더니 멀리 갔구나."

(사부는 나를 어당팔, 당팔 선생이라 부르시곤 했다)

"사부님 따라가려면 아직 멀었습니다."

"아니야. 당신은 이미 '큰 바위 얼굴'이 되었어."

"얼굴이야 옛날부터 컸죠."

"그 유머는 여전하구먼. 하하하."

"사부님 덕분입니다. 저를 낳아주신 건 부모님이지만 저를 키워주신 건 사부님입니다."

"아니야. 나는 그저 당신이 가진 기질을 보았을 뿐이야."

"그게 얼마나 대단한 겁니까?"

"칭찬하는 것도 여전하군. 이제 나를 벗어날 때가 되었어. 스승을 넘어서는 제자가 훌륭한 제자야. 당신은 이미 넘어섰어."

"아닙니다. 넘어선 것은 나이밖에 없습니다."

"하하하. 벌써 그렇게 됐나?"

"10년 세월이 눈 깜빡 사이에 가네요."

"그렇지? 당신은 이제 혼자가 아니야. 다른 사람을 도와야 돼. 그들이 당신으로 인해 어제보다 더 아름다운 오늘을 살 수 있게 해야 돼."

"예, 아직 부족하지만 사부님이 하시던 〈꿈 프로그램〉도 다시 하고 있습니다."

"수고가 많군. 그게 생각보다 힘들 텐데⋯⋯."

"저 혼자 하는 것이 아니고 오옥균과 정박사와 같이 하고 있습니다. 힘들 때마다 사부님의 책을 보고 힘을 얻습니다."

"내가 쓴 책은 이제 잊어."

"예? 그게 무슨 말씀입니까?"

"부처님이 열반하실 때 제자들에게 하신 말씀이 뭔지 알지?"

"자등명법등명이죠."

"바로 그거야. 이제 스스로를 등불로 삼아야 할 때가 되었어."

"자등명은 알겠는데 부처님도 법등명은 하라고 하셨어요."

"경전과 내 책은 달라. 경전은 세월이 가도 변하지 않지만 책은 달라. 시대정신이라는 것이 있어. 내가 했던 말이 지금은 안 맞을 수도 있어. 부처님도 강을 건넜으면 뗏목을 버리라고 하셨어."

"강을 건넜는지 안 건넜는지 모르겠어요."

"당신은 이미 건넜어. 필요하다면 당신에게 맞는 것을 다시 만들면 돼. 그게 뗏목이 됐든 요트가 됐든……."

"네, 잘 알겠습니다. 잊을 건 잊고 꼭 지킬 건 지키겠습니다."

"그래야지. 자기답게 사는 건 잊지 마. 예쁜 꽃이 아니라 자신의 꽃을 피워야 하는 거야."

"네, 제 꽃도 한 번은 피겠죠?"

"당신 꽃은 이미 피었어. 계속 가꾸어 나가. 지금처럼 하면 돼."

이런 대화가 일상이 되었다.

내 안에 사부가 살아계신다.

사부처럼 한 사람이라도 더 아름답고 행복하게 살 수 있도록 한다면 언젠가 사부를 다시 만나더라도 떳떳할 것이다. 당신보다 나이가 더 많아진 제자를 어떻게 대하실지 궁금하다.

그때는 나도 할 말이 많을 것 같다.

인용한 구본형의 책

1. 《익숙한 것과의 결별》, 1998, 생각의 나무
2. 《낯선 곳에서의 아침》, 1999, 생각의 나무
3. 《떠남과 만남》, 2000, 생각의 나무
4. 《그대, 스스로를 고용하라》, 2001, 김영사
5. 《오늘 눈부신 하루를 위하여》, 2001, 휴머니스트
6. 《내가 직업이다》, 2003, 북스넛
7. 《나, 구본형의 변화 이야기》, 2004, 휴머니스트
8. 《일상의 황홀》, 2004, 을유문화사
9. 《코리아니티 경영》, 2005, 휴머니스트
10. 《사람에게서 구하라》, 2007, 을유문화사
11. 《세월이 젊음에게》, 2008, 청림출판
12. 《구본형의 THE BOSS 쿨한 동행》, 2009, 살림Biz
13. 《구본형의 필살기》, 2010, 다산라이프
14. 《깊은 인생》, 2011, 휴머니스트
15. 《구본형의 신화 읽는 시간》, 2012, 와이즈베리
16. 《구본형의 그리스인 이야기》, 2013, 생각정원
17. 《구본형의 마지막 편지》, 2013, 휴머니스트
18. 《나는 이렇게 될 것이다》, 2013, 김영사, 〈구본형 칼럼〉 중 선별
19. 《나에게서 구하라》, 2016, 김영사, 구본형의 글을 재분류

(출간연도순)